Pablo Manuel Millán Millán

MÁS ALLÁ DE LA IMAGEN
La arquitectura del artesano

Millán Millán, Pablo Manuel
    Más allá de la imagen : la arquitectura del artesano / Pablo Manuel Millán Millán.
    - 1a ed ilustrada. - Ciudad Autónoma de Buenos Aires : Diseño, 2015.
    222 p. ; 21 × 15 cm. - (Textos de arquitectura y diseño)

    ISBN 978-987-3607-99-8

    1. Arquitectura. 2. Enseñanza. 3. Teoría de la Arquitectura. I. Título.
    CDD 720

Textos de Arquitectura y Diseño

Director de la Colección:
Marcelo Camerlo, Arquitecto

Diseño de Tapa:
Liliana Foguelman

Diseño gráfico:
Karina Di Pace

Pablo Manuel Millán Millán

MÁS ALLÁ DE LA IMAGEN
La arquitectura del artesano

diseño

MÁS ALLÁ DE LA IMAGEN
La arquitectura del artesano

Índice

CON LOS PIES DESCALZOS

Alberto Campo Baeza

En "Lugar, materia y silencio", uno de los textos de este libro de Pablo Millán, se nos describe un grabado de Durero: "San Jerónimo en su celda". En él San Jerónimo está descalzo mientras escribe la Vulgata, su traducción al latín vulgar de las Sagradas Escrituras. Y nos dice que "este gesto era utilizado en el Antiguo Testamento cuando el inspirado por Dios se disponía a entrar en el lugar en el que recibiría la inspiración divina, cuando Dios bajaba a transmitir a los profetas su palabra", y lo liga Pablo Millán al silencio cartujo " no escuchar más allá de lo estrictamente necesario", para describirnos cuál debe ser el ambiente del taller del artesano que él nos propone como ideal en su libro para el taller del arquitecto, del arquitecto como artesano.

Yo no sé si se debería leer el libro de Millán con los pies descalzos, pero sí sé que se debe leer en silencio. Porque este "no escuchar más allá de lo estrictamente necesario" es una buena recomendación para cualquier arquitecto y, de manera especial para muchos arquitectos de hoy día. ¡Qué importante es el silencio para bien proyectar!, para poner los cinco sentidos en lo que estamos haciendo. Y claro que también ese silencio será más que conveniente para leer atentamente estos textos.

El tema central del libro es la defensa acérrima de la cualidad de artesano que todo buen arquitecto debe tener. Desde los arquitectos del pasado hasta los actuales, y también los futuros. No se puede desligar la labor del arquitecto de la condición material de la arquitectura, nos repite el autor. Y para ello trae a colación el cómo Pandora fue modelada con arcilla por las manos de Hefesto o cómo, todavía más definitivo, Adán fue modelado "de arcilla del suelo" por el mismo Dios. Dos preciosos ejemplos.

Benedetto Gravagnuolo en su libro sobre Adolf Loos nos dice: "Para Mies Van der Rohe la artesanía o técnica es parte de una verdad absoluta". O sea que, también para el más universal arquitecto del Movimiento moderno, la artesanía, el arquitecto como artesano, era una cuestión central. No hay más que repasar toda la obra del maestro alemán para constatarlo.

El autor emplea numerosas citas, tanto de arquitectos como de poetas. Y todas ellas están muy bien traídas, con gran naturalidad. Es preciosa la de Holderling de que "el hombre es un dios cuando sueña y un mendigo cuando reflexiona" que nos la trae tras contarnos la preciosa anécdota de Coderch cuando recomendaba a los arquitectos el tener "la cuerda atada al pie".

Todos los textos están muy bien escritos. Se nota que el autor lee y escribe mucho. Mucho y bien. Son claros con la claridad exigida por Ortega a los filósofos. En todos ellos hay un sentido pedagógico que denuncia que tras ellos hay un docente que disfruta transmitiendo ideas a sus alumnos.

Para defender la cualidad de la materia nos recuerda la anécdota del "tocar antes de comprar" que su madre, y la mía, exigían antes de comprar algo. Y para convencernos de la relación intrínseca entre idea y materia, vuelve a contarnos la preciosa historia del David de Miguel Angel. Cómo Miguel Angel, ante el gran mármol defectuoso vio con claridad el David que estaba allí dentro. Concuerda con el "ver un mundo en un grano de arena" del hermoso poema de William Blake que recuerdo siempre a mis alumnos al comenzar el curso.

En definitiva, un libro que merece la pena ser leído por todo aquel que tenga que ver con la arquitectura y con la enseñanza, alumnos y profesores. Aprenderán y disfrutarán mucho.

INTRODUCCIÓN

«El arquitecto sabio busca alianzas profundas con artesanos y artistas con el fin de volver a conectar su mundo y su pensamiento intelectualizados con la fuente de todo conocimiento verdadero: el mundo real de la materialidad, de la gravedad y de la comprensión sensorial y corporal de estos fenómenos físicos».

J. PALLASMAA[1]

Un puente entre Hinksey Alto y Hinksey Bajo

Relataba Oscar Wilde que durante su estancia en Oxford, contando con algo menos de veinte años, en una de las muchas tardes que deambulaba por High Street con sus compañeros se cruzaron con Ruskin que iba corriendo a dar una conferencia. Al encontrarse este con tantos jóvenes —todos ellos poetas, artistas, matemáticos y algún que otro filósofo— y preguntarles hacia dónde se dirigían, quedó sorprendido cuando le dijeron que a ver un partido de cricket. En ese momento Ruskin advirtió que era ahí y era a ellos realmente a los que tenía que impartir su conferencia y propuso a este nutrido grupo de jóvenes intelectuales hacer de sus respectivas disciplinas un compromiso con el hombre. En ese momento les contó que muy cerca de allí había dos pueblos, Hinksey Alto y Hinksey Bajo. Estaban muy cerca entre sí pero separados por un gran lago que los vecinos tenían que bordear cada vez que querían ir de un sitio al otro. La propuesta de Ruskin fue la siguiente: cada día, después de salir de sus respectivas clases, los jóvenes irían a estos pueblos para empezar a construir una carretera que los uniese, facilitando así la vida de sus vecinos. Oscar Wilde dirá que durante el tiempo que estuvieron trabajando con las manos los poetas supieron plasmar su poesía en la obra que estaban ejecutando; lo mismo hicieron los artistas con

[1] PALLASMAA, J., *La mano que piensa*. Gustavo Gili. Barcelona, 2012, p. 75.

sus obras o los matemáticos con sus formulaciones. Y es que, como subrayaba Wilde en la conferencia en la que compartió esta anécdota,[2] durante ese tiempo fueron artesanos de la sociedad.

Con esta historia, Wilde planteaba una inquietud que ha ido asaltando continuamente a los artistas a: la proyección del arte en una mejora real de la sociedad. Ante la posibilidad de un sistema dicotómico excluyente —el arte como una proyección separada de la cotidianeidad del hombre o un arte implicado en el día a día— el poeta irlandés sentenciará de forma brillante la búsqueda de una poesía que surja de la experiencia del compromiso directo de trabajar con las propias manos: «El nuestro ha sido el primer movimiento que ha aunado a artesanos y artistas, pues recordad que separando el uno del otro arruinaréis a ambos; a uno le robáis todo motivo espiritual y todo el deleite imaginativo, al otro le aisláis de la verdadera perfección técnica. Las dos más grandes escuelas de arte en el mundo, la de escultura de Atenas y la de pintura de Venecia, tienen todo su origen en una larga sucesión de sencillos y honestos artesanos. Fue el alfarero griego el que enseñó al escultor esa influencia del diseño que fue la gloria de Partenón; fueron los decoradores de cofres y enseres italianos los que cuidaron de que la pintura veneciana se mantuviera siempre fiel a su condición pictórica primaria de nombre color».[3]

Tuve la suerte de ver la luz en una ciudad histórica y patrimonialmente importante —*Obvlco, Vrbs Victrix Nobilis*[4]— que ha sabido hacer converger a lo largo del tiempo la cultura material del trabajo con las manos con su propia proyección patrimonial. Esto es sin duda un gen indeleble por el cual estaré eternamente agradecido. Nacer, deambular y convivir con las ruinas arqueológicas del pasado es una escuela que, si bien te acerca al conocimiento histórico de muchos e innumerables acontecimientos, sobre todo te enfrenta

[2] Conferencia que dictó durante su estancia en los Estados Unidos en 1882 a estudiantes de arte y diseño.

[3] WILDE, O., *Las artes y el artesano*. Gadir. Madrid, 2010, p. 23.

[4] Traducción del autor: *Porcuna, ciudad victoriosa y noble*.

con la realidad material legada a nuestros días. De la convivencia continua con la piedra de un pasado hecho presente surge la idea de este libro. La presencia permanente de la arquitectura en el tiempo, la configuración de la ciudad a través de esta y el ejercicio del aprendizaje a partir de su observación directa[5] nos lleva ineludiblemente a elaborar una mirada crítica sobre la realidad contemporánea.

En consecuencia, la lectura crítica de un arquitecto frente al momento que vive la disciplina en la actualidad debe ser de profunda revisión. Los ya manidos *star system*, las producciones en masa de construcciones anodinas e indebidamente llamadas *arquitecturas*, la desubstanciación en pos de un diálogo interdisciplinar o la pérdida de la lógica de la razón han sido algunos de los ejercicios que han propiciado los posicionamientos críticos más actuales.

El libro *Más allá de la imagen* es fruto del trabajo desarrollado en varios artículos, conferencias, comentarios y algunas reflexiones escritas sobre la deriva de una arquitectura subyugada por el peso de la forma y apartada de cualquier razonamiento de servicio y compromiso con el hombre. Todos ellos han sido revisados desde la perspectiva del *arquitecto artesano*. Tras diversos debates y confrontaciones desarrolladas en los últimos años en diversos foros podemos concluir que el arquitecto necesita volver a poner en práctica herramientas que, por la saturación de una sociedad postmoderna, ha ido entumeciendo y dejando en desuso. El dibujo, el conocimiento del material y de la historia, el taller, el trabajo colectivo o el simple hecho del posicionamiento frente a la máquina son algunas de las características de lo que hemos llamado la *cultura del artesano*, una cultura o una lógica que será capaz de volver a enfrentar al arquitecto al reto de construir un puente entre Hinksey Alto y Hinksey Bajo.

[5] Dice Stefan Sweig que es la observación y la auto-observación la condición previa del artista. "El artista no tiene tiempo ni lugar de observarse a sí mismo mientras se halla en el estado apasionado de observar la creación". Cf. SWEIG, S., *El misterio de la creación artística*. Sequitur. Madrid, 2012, p. 19.

DE ARTESANOS
Y ARQUITECTOS

De vez en cuando llega a nuestras vidas un libro tan diferente a los demás que es difícil explicarlo solo con palabras. El poder de un texto así va más allá de un simple resumen o promoción y solo puede descubrirse a través de la experiencia personal del lector. *Sabiduría de un pobre* es una de esas obras. En ella el autor, Eloi Leclerc, va trazando de forma novelada diferentes pasajes históricos de la vida de Francisco de Asís acabando cada uno de ellos con una serie de preguntas retóricas. *Más allá de la imagen* tiene su génesis en una de esas tardes estivales de descanso de la mano de este libro, en la que junto a Leclerc pensaba qué pasaría si cada autor tuviera un vínculo directo con su obra y se sintiera proyectado en ella. Llegaba a formularme esta cuestión tras haber leído el tan conocido pasaje del *Sueño de Inocencio III*, tan bellamente plasmado por Giotto en sus pinturas en la Basílica Superior de Asís. En este pasaje, tras haber escuchado San Francisco una voz que le decía «ve y repara mi casa que como ves amenaza ruina», el papa Inocencio III, cabeza de la Europa católica, soñaba que un hombre pobre soportaba el peso de la Iglesia que se derrumbaba. Al ver el sumo pontífice al peregrino de Asís, reconoció en él la imagen del sueño. Todos los hagiógrafos de San Francisco, desde Tomas de Celano hasta San Buenaventura, coincidirán en subrayar la importancia de que «San Francisco con sus propias manos fue y se puso a reconstruir la pequeña iglesia de San Damian». Podría sorprender este pasaje por la simpleza de lectura que hace el santo de Asís aunque, como dice Chesterton, realmente sorprende por la unión directa entre un proyecto de vida y la forma de materializarlo.

La opción por un pensamiento y discurso en sintonía con la forma de vida y de entender el mundo, ha llevado a numerosos personajes a lo largo de la historia a *remar contra corriente* siendo fieles a unos planteamientos. Así, decía Sennett: «Todo buen artesano mantiene un diálogo entre unas prácticas concretas y el pensamiento; este diálogo evoluciona hasta convertirse en hábitos, los que establecen a su vez un ritmo entre la solución y el descubrimiento de problemas».[6]

[6] SENNETT, R., *El artesano*, Anagrama. Barcelona, 2009, p. 21.

Sueño de Inocencio III. Giotto. Basílica Superior de Asís.

20

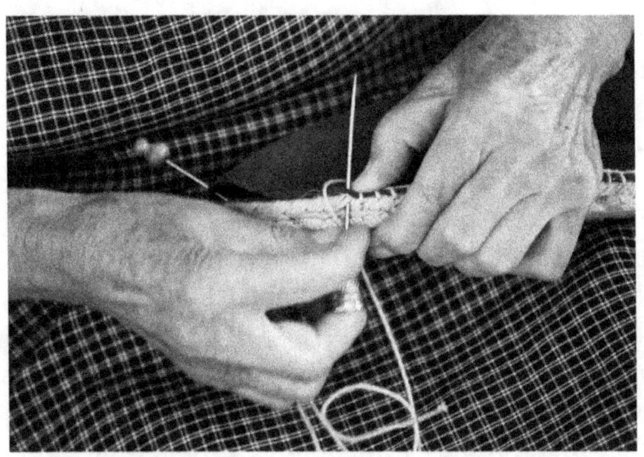

La mano del artesano.

De forma platónica, separando dos mundos, el de las ideas y el de lo táctil, Antonio Machado se pregunta cómo hacer para unir ambos: «Somos víctimas de un doble espejismo. Si miramos afuera y procuramos penetrar en las cosas, nuestro mundo interno pierde en solidez, y acaba por disipársenos cuando llegamos a creer que no existe por sí, sino por nosotros. Pero, si convencidos de la íntima realidad, miramos adentro, entonces todo nos parece venir de fuera, y es nuestro mundo interior, nosotros mismos, lo que se desvanece. ¿Qué hacer entonces? Tejer el hilo que nos dan, soñar nuestro sueño, vivir; sólo así podremos obrar el milagro de la generación».[7] Sin entrar en un nuevo *mito de la caverna*, el poeta sevillano marca un camino caracterizado por la sencillez y adustez propios de los *Campos de Castilla*: vivir mirando a ambos lados. Por un lado a lo real, lo táctil y efímero; y por otro al rico mundo de los sueños e ideas. El proceso de *tejer* este mundo intermedio será la tarea de quienes han visto ambos mundos como única forma de génesis.

[7] MACHADO, A., *Campos de Castilla*. Cátedra. Madrid, 2002, p. 275.

Machado no será el único que se plantee esta duplicidad. Muchos coetáneos suyos, inspirados por un racionalismo cartesiano, se enfrentarán con la misma paradoja. Así, Walter Benjamin también se planteará la realidad que configura el mundo intermedio: «Existe una relación estrecha entre el alma, el ojo y la mano en el trabajo del artesano».[8] Las dos estancias documentadas de Benjamin en Ibiza no suponen una mera anécdota turística para el pensador alemán. Desde el primer momento comprende que no se trata solo de un viaje en el espacio geográfico sino también en el tiempo, un punto de vista privilegiado para quien piensa y repiensa sobre su época. La visión de una sociedad pretérita, frente a la innovación berlinesa y parisina, ofrece distancia al autor para reflexionar sobre la tradición, la experiencia y las nuevas relaciones sociales que se imponen y sobre cómo afectan al individuo en esta época caracterizada por la llamada modernidad, pero también incuba ya algunas ideas sobre las nuevas tendencias que en breve plazo de tiempo inundarán al hombre contemporáneo.

A Benjamin no le falta razón en ese posicionamiento personal. En el momento histórico de entreguerras y, sobre todo, después de la II Guerra Mundial entrará en crisis el planteamiento abanderado hasta ese momento por el *Movimiento Moderno*. Los arquitectos noveles centrarán sus líneas argumentales en el rechazo a todo vestigio de la arquitectura clásica y la ruptura total con la tradición. Fueron estos quienes reaprenden la forma de concebir el urbanismo y la arquitectura a través de procesos de diseño donde lo funcional y racional son los parámetro a seguir.

«La forma sigue a la función», sentenció Louis Sullivan; y la vivienda se convirtió según Le Corbusier en «una máquina para vivir», configurándose la función como el elemento básico e integrador de toda arquitectura. Wright vio «el edificio no como cueva, sino como un amplio refugio para el espacio abierto». La liberación total de todas las formas conocidas (primer objetivo de la Bauhaus), y retomado por Moholy-Nagy en su instituto de diseño de Chicago, determinaron la

[8] BENJAMIN, W., *Cartas de la época de Ibiza*. Pre-textos. Valencia, 2008, p. 84.

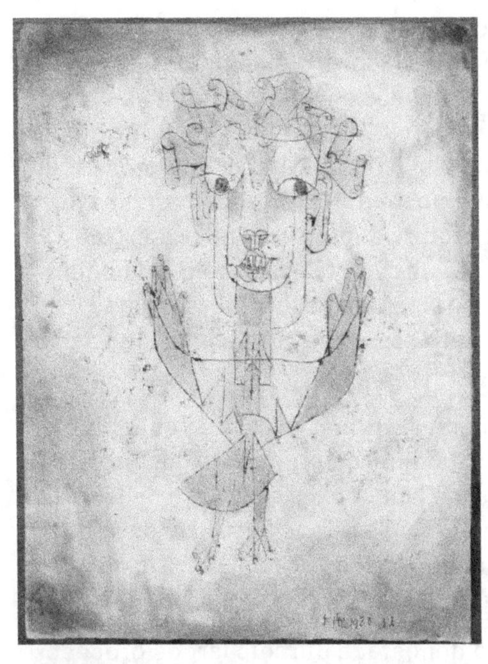

Ángelus Novus. Paul Klee.

Le Corbuiser trabajando con
la maqueta.

23

destrucción de toda forma de clasicismo. La arquitectura del pasado
quedó enterrada no solo en cuanto a la forma, sino también en cuanto a su vinculación con el lugar. La crisis en estos planteamientos de
la modernidad, pero sobre todo la crisis del pensamiento que dibuja-
ba la posibilidad de un progreso sin límites y de explotar unos recursos de la naturaleza supuestamente inagotables, marcó un nuevo
orden en el pensamiento. Esta ruptura supone una nueva mirada a
lo local, al pasado, a lo vernáculo; una vuelta a la escala del hombre
que será objeto de análisis para numerosos escritores, artistas y
arquitectos que encontrarán en el *discurso del artesano* la lógica que
inspire sus trabajos.

El artesano, entendido como Sennett afirma, «es el responsable de
hacer el trabajo bien hecho por el objetivo personal de hacerlo bien,
es conocedor de los materiales, de la técnica a emplear y de la tradición recibida hasta este momento». Se puede decir que es la vanguardia de lo local, la conexión unívoca más directa entre la mano, la
cabeza y el lugar, como sugería Benjamin.

La imagen del artesano ha sido denostada durante largos procesos
históricos. Desde Aristóteles, que no los consideraba ciudadanos,
a Platón,[9] que defendía que eran la clase social del *alma concupis-
cible*. Esa tendencia se fue reproduciendo a lo largo de los siglos
hasta llegar al XIX, momento en el cual los trabajadores manuales
fueron considerados sustituibles por la máquina. El concepto en
sí tiene la debilidad de la inmediatez, de lo táctil, de lo pretérito e
incluso de lo romántico, siendo estos a su vez los caracteres que lo
hacen positivo y actual.

El contexto técnico y tecnológico de la sociedad contemporánea
condiciona cualquier argumento que se pueda elaborar sobre el
hecho, el concepto y el discurso del artesano. La lógica de la máquina, del proceso informático y técnico, ha suplantado a otras formas
de conocimiento relegándolas a puros ejercicios retóricos. La per-
suasión de la materia, de lo tectónico, de lo construido a lo largo

---

[9] SENNETT, R., *El artesano*. Anagrama. Barcelona, 2009, p. 37.

de la contemporaneidad, ha ido cediendo el paso a la preocupación formal. La imperfección que lleva implícito el discurso de la lógica del artesano encierra el intento por encontrar en el lugar, en la materia, en el taller, en la memoria, en la relación entre el maestro y el discípulo... Es la pretensión *aaltiana* de hacer más humana la arquitectura. Asumir y analizar estas premisas en el origen del proyecto cambia y condiciona la forma de entender el mundo del espacio contemporáneo.

ARTIFICE, *TECHNE*, DEMIOERGOS

«Toda idea está dotada por sí misma, de una vida inmortal, como una persona».

Charles Baudelaire

El origen de la palabra artesano, entendido en referencia a los oficios propios de la época feudal y los gremios, es reciente. Si buscamos en los libros de oficios, entre los siglos XIV y XVI, podemos encontrar términos que, si bien se centran en el trabajo concreto que describen, van desarrollando ya un nuevo personaje genérico, el cual podría ocupar diferentes estadios en función del grado de aprendizaje y perfeccionamiento de su técnica. Así, el término abstracto y sintetizador del concepto artesano será de nuevo cuño. La referencia más antigua viene de finales de la Edad Media, concretamente del 1440,[10] como término derivado de arte aludiendo a «hacer algo bien con las manos».

Atendiendo a la etimología de la palabra artesano, podemos encontrar numerosas variaciones dentro del mismo origen latino *ars, artis*. De entre ellas, destacamos artifice, atificem y artifex que, aun diferenciándose en pequeños matices, serán las responsables de

[10] COROMINAS, J, PASCUAL, J., *Diccionario Crítico Etimológico Castellano e Hispánico*. Editorial Gredos. Madrid, 2000.

Capitel del artesano en San Juan de la Peña.

grandes variaciones en el concepto. Paralelamente, existe un término no procedente del griego τέχνη (*techne*) que se define como virtud, disposición y habilidad para hacer algo o como manifestación de la actividad humana mediante la cual se expresa una visión personal y desinteresada que interpreta lo real o imaginado con recursos plásticos, lingüísticos o sonoros.

Este origen plural de la palabra genera un significado ambiguo que va desde *ars* (arte) a *techne* (técnica), por lo que según esta connotación original, y con un sentido amplio, el arte es adquisición de destreza para la realización de una actividad mediante su práctica con un fin determinado. Podríamos hablar de un arte aplicado. En la Grecia antigua un *teknites* no era un técnico, era algo parecido a un carpintero, pero no era un artesano. Esta diferencia se muestra claramente en la referencia que hacen a uno de los carpinteros más conocidos, José, padre de Jesús.[11] Dado que el Evangelio de Mateo no se escribió en hebreo sino en griego, no se le presenta como un artesano. Un *teknites* era también un hombre habilidoso, *generador de técnicas*. Esta acepción permite, por ejemplo, hablar del *arte de la guerra* como la aptitud para combatir obtenida a través de la aplicación de la estrategia, de la táctica y del uso de las armas en un enfrentamiento con enemigos. También se puede utilizar con el sentido en el que mayoritariamente se usa, es decir, señalar las actividades que persiguen una finalidad estética. Unidas a todas estas acepciones surgen variaciones que, usando la misma raíz léxica, van derivando en otros términos como *artífice* (obrero), que hace referencia al trabajo manual repitiendo un ejercicio sin pensar sobre ello. Completamente diferente *artificem* (arquitecto), referido a artista o persona dedicada a pensar sobre el uso de las artes junto con *artifex* (artificio), usado para todo aquello que ha sido realizado manualmente. Para poder definir una diferencia clara de los términos tendríamos que hacer referencia a la cultura material y, por tanto, observar qué ha producido cada uno de ellos, casi como si de un estudio arqueológico se tratara.

El tercer vocablo para referirse al artesano será el *demioergos*. Hace referencia a un creador que roza lo mágico y divino más que lo táctil y material. Era alguien que desarrollaba su profesión delante del público. Esto no implicaba ser un trabajador manual sino, todo lo contrario, una persona que dominaba determinados saberes. Desde el médico hasta el juez o el zapatero, siempre que estos estuvieran en plenas capacidades para producir, eran denominados *demiurgos*.

El artesano, entendido como la persona que vincula de forma integral su existencia a un desarrollo profesional determinado, trasciende toda su realidad, que pasará a ser asumida como una vocación. Puede parecer ilógico hablar en estos términos en un momento en el que las ideas, al igual que los compromisos, son volátiles y ciertos

[11] Cf. *Mt.* 13,55.

grados de coherencia son entendidos como agresiones implícitas
a un *statu quo* vano, vacío, huero. Si pensamos que el proceso de
pensamiento de un artesano comienza con la ideación, podría sor-
prendernos cómo, en la mayor parte de los procesos de desarrollo
artesanal, el origen lo tiene un grado de compromiso con la sociedad
y consigo mismo. Sin entrar en el debate ontológico de Parménides
en el que intentáramos establecer las diferencias entre el ser y el
pensar de nuestro concepto, podemos decir como afirmara el filósofo de Elea que «el ser es un todo unitario cerrado sobre sí, o sea, no
tiene partes, ni huecos. Es, por tanto, indivisible». Esta postura de
unidad del ser artesano nos permitirá poder extraer conclusiones en
su propia definición y dejar a un lado posibles estereotipos e ideali-
zaciones alejadas de la realidad.

El proceso de configuración y aprendizaje del hombre se ha basado
en la experiencia desarrollada junto al conocimiento adquirido. La
pedagogía del aprendizaje del artesano está fundamentada en el
carácter inductivo, permitiendo sistematizar los conceptos y estruc-
turar un orden lógico y, a su vez, operativo. El taller será el lugar
donde se den cita estas cualidades y sean aprehendidas. Será igualmente el ámbito donde se produzca la transmisión y comunicación
de los conocimientos adquiridos: «El taller es el hogar del artesano,
expresión que debe entenderse históricamente en su sentido literal.
[...] Es fácil comprender el atractivo romántico que el taller-hogar
ejercía sobre los socialistas que afrontaban por primera vez el paisaje industrial del siglo XIX. Karl Marx, Charles Fourier y Claude Saint-
Simon veían en el taller un espacio de trabajo humano, donde también parecían encontrar un buen hogar, un lugar en el cual el trabajo
y la vida se entremezclaban».[12]

El proceso formativo del artesano se origina con la herencia recibida
de los gremios medievales, en los que a modo de noviciado los can-
didatos pasaban por una serie de ejercicios y pruebas que determi-
naban cuándo eran aptos o no para el ejercicio de la profesión y, por
tanto, el comienzo de su especialización. Dentro de la lógica de este

[12] SENNETT, R., op. cit., p. 214.

Imagen de artesano.

proceso de aprendizaje se comenzaba por las tareas básicas, tales como disponer los materiales, preparar colas o aceites, desbastar maderas o extraer bloques. Jerónimo Alcalá Yáñez (1624-1626) lo muestra muy claramente en su obra picaresca *El Donado hablador*, en la que describe el trabajo de un aprendiz de pintor en Toro (Zamora): «Híceme una gran olla de cola para unos lienzos, aparejé los pinceles, molí unos colores, sequé aceite de espliego, de nueces y linuezo, bien como si ya estuviera metido en obra, prometiendome dentro de poco tiempo haber de ser un Zeuxis».[13]

[13] ALCALÁ YÁÑEZ, J. de, *Alonso, mozo de muchos amos o el Donado Hablador*. 1ª parte Madrid, 1624, 2ª parte, Valladolid, 1626. Ed. Madrid. 1980. Madrid, p. 267.

La evolución histórica de estos procesos de aprendizaje aún hoy se mantiene y forma parte de grupos humanos que asumen su profesión como una vocación. Tal es el caso, por ejemplo, de médicos, artistas o arquitectos que llegarán a establecer una relación dialéctica con el medio, un compromiso que les obligará a tomar ciertas posturas de coherencia a nivel profesional y vital. Releyendo a Italo Calvino leído por Sáenz de Oiza: «El infierno de los vivos no es algo que será: hay uno, es aquel que existe ya aquí, el infierno que habitamos todos los días, que formamos estando juntos. Dos maneras, nos obstante, hay de no sufrirlo. La primera es fácil para muchos: aceptar el infierno y volverse parte de él hasta el punto de no verlo más. La segunda es arriesgada y exige atención y aprendizaje continuo: buscar y saber reconocer quién y qué, en medio del infierno, no es infierno, y hacerle durar, y darle espacio...».[14] En este contexto la lógica del artesano no es un proceso superficial de análisis, todo lo contrario. El conocimiento contemporáneo del artesano es la síntesis de esta continua dualidad de elección. Desde Plotino, que subraya un paralelismo de los artesanos con sus conocimientos al de la unión entre cuerpo y alma, hasta Descartes en el *Discurso del método* que verá en los artesanos los únicos capaces de materializar su obra teórica, han pasado siglos de historia que han puesto en el discurso del artesano la responsabilidad de unir ideas y dibujos con materia y lugar. Dice Descartes: «Si los artesanos no pueden en buen tiempo ejecutar el invento que explico en la 'Dióptrica', no creo que pueda decirse por eso que es malo; pues, como se requiere mucha destreza y costumbre para hacer y encajar las máquinas que he descrito, sin que les falte ninguna circunstancia, tan extraño sería que diesen con ello a la primera vez, como si alguien consiguiese aprender en un día a tocar el laúd, de modo excelente, con solo haber estudiado un buen papel pautado».[15]

Si en la pintura y en la escultura los artesanos ocuparon papeles secundarios por lo limitado de su ejercicio, en arquitectura fueron

---

[14] SAENZ DE OÍZA, F. J., *Escritos y conversaciones*. Fundación Caja de Arquitectos. Barcelona, 2006, p. 135.

[15] DESCARTES, R., *El discurso del método*. Alianza Editorial. Madrid, 2009, p. 108.

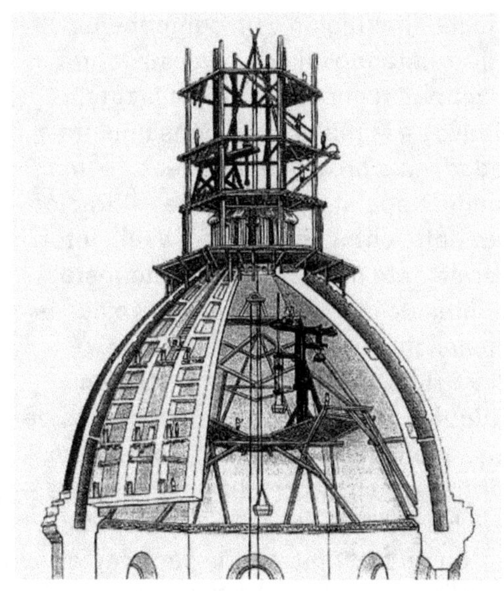

Invento de Brunelleschi para
cúpula de la Catedral de Florencia.

considerados piezas de engranaje necesarias para la ejecución de los
proyectos. Muchos de ellos luego se irán especializando llegando a
alcanzar el grado de arquitectos, como fuera el caso de Brunelleschi
(aunque nunca lo reconocerá) o Alberti. Subraya Le Goff: «El tipo
de intelectual solo puede desarrollarse dentro del marco urbano. El
intelectual del siglo XII se siente un artesano, como un hombre de
oficios de la ciudad. Su función es el oficio comparable al de otros
artesanos de la ciudad. Su función es el estudio y la enseñanza
de las artes liberales. Pero el arte entendida como técnica: es una
especialidad del profesor como la del carpintero. Un arte es toda
actividad racional y justa del espíritu aplicada a la fabricación de instrumentos tanto materiales como intelectuales. El intelectual es un
artesano porque su producción deriva de la razón».[16]

[16] LE GOFF, J., *Los Intelectuales en la Edad Media*, Gedisa, Barcelona, 1996, pp. 9 -19.

El arte del Renacimiento fue una manifestación y un componente importante de un mundo en el que, estando en crisis la estructura feudal, el individuo exigía resolver por sí mismo, fuera de la tutela eclesiástica, los problemas relativos a la realidad, al pensamiento y a la conciencia. En esta sociedad, más propia de las ideas de una elite humanista que del pensamiento social, el cambio de valoración profesional del arte fue relativamente lento. En el siglo XV, el pintor, el escultor o el arquitecto, generalmente de procedencia modesta, hijo de artesanos o de comerciantes de escasa fortuna (salvo casos excepcionales como el de Brunelleschi cuyo padre era notario, o el de Alberti, hijo natural de un patricio), eran considerados aún como artesanos. Después de adquirir los mínimos conocimientos de escritura y de lectura en escuelas monásticas y conventuales, quien quisiera dedicarse a las artes entraba como aprendiz en el taller de un maestro hasta que obtenía dicho grado, con el que se le permitía trabajar por cuenta propia. No eran pues, como cabría suponer, el genio o el talento innato (términos propios del siglo XVI) los que daban derecho a los artistas a ejercer su profesión, sino el aprendizaje conforme a las normas de un gremio laboral.

Como en la Edad Media, el taller no era solamente un lugar de aprendizaje, era un centro de creación de obras de arte; en él, los aprendices se convertían en mano de obra barata a cambio de ser iniciados en los secretos del oficio. Allí, los jóvenes, casi niños, aprendían desde la fabricación de pinceles hasta la utilización del cincel; también allí iniciaban sus primeras prácticas colaborando con el maestro en los fondos de las representaciones, en los paños, o en las partes menos importantes de las figuras. Ese espíritu artesano que gobernaba los talleres del *Quattrocento* tenía mucho que ver también con la dispersión de los encargos que recibían, desde retablos de altar hasta armas, diseños de orfebrería, taraceas, tallas pintadas, etc. Ello obligaba al artista a dominar varias técnicas, a la manera que lo había hecho el polifacético artesano medieval. De todas estas técnicas u oficios, la arquitectura, como integradora de todos los demás, era considerada la más noble.

La obra de arquitectura era el símbolo más aparente y ostentoso de la nueva cultura, y a su práctica tendieron escultores como Brunelleschi,

Michelozzo, Filarete, Bernardo Rossellino, Piero Lombardo; carpinteros, como Antonio da Sangallo, Giuliano da Sangallo y Benedetto da Maiano y, entrando en el siglo XVI, pintores como Bramante y Rafael, por no citar la figura polifacética por excelencia: Miguel Ángel. Con todo, para Alberti (*De re aedificatoria*), «un arquitecto no es un carpintero o ebanista [...]; el trabajo manual no es más que un instrumento para el arquitecto que, por medio de una habilidad segura y maravillosa y de un método, es capaz de completar su obra [...] y para poder hacer esto, debe tener un discernimiento perfecto en cuanto a las ciencias más nobles y exactas».[17] Aunque a decir verdad, en el *Quattrocento*, el oficio de arquitecto era el menos definido de todos los oficios artísticos y ni tan siquiera había un gremio que velara por sus intereses profesionales o que supervisase la educación de sus miembros, como ocurría en el caso de pintores y escultores.

La formación múltiple, sin embargo, fue cediendo poco a poco a una cierta tendencia a la especialización, impulsada por el ideal de educación humanista y por la valoración creciente del arte en la sociedad de la época. Mientras que los teólogos medievales no hablaron casi nunca de las artes, y mucho menos de los artistas, sino del arte como abstracción y manifestación de la belleza divina, en el siglo XV empezó a sentirse cierto orgullo de aquellos artífices que convertían las mudas paredes o las maderas de los retablos en obras que confundían con la propia realidad.

En la actualidad, el papel del artesano se ha relegado a la imagen romántica del individuo bucólico e intimista alejado del mundo. Posiblemente, esta lectura se haya incrementado por la visión técnica y cientificista que el conocimiento empírico ha ido trabajando en la contemporaneidad y no se entiendan otras formas de conocer y mucho menos otras formas de observar el medio. Este arquetipo del artesano entra en conflicto con el concepto que la historia ha ido fraguando a lo largo de los siglos. ¿Acaso los artesanos de la edad media no eran los técnicos que investigaban con materiales llevándolos a sus estados límite? ¿Acaso, igualmente, no eran los que aplicaban nuevas técnicas perfeccionando los conocimientos heredados por sus ancestros?

[17] ALBERTI, L.B. *De Re Aedificatoria*. Akal. Madrid, 2007, p. 282.

Como bien refleja Saramago «ahora hay algo que nos interesa demasiado y es escribir bien... nosotros recibimos una herencia que es el idioma que lo hablan millones y millones de personas, por eso, debemos de tratarlo como algo vivo, como algo que podemos hacer vivir o morir... escribir una novela es lo mismo que hacer una silla, tanto el escritor como el artesano buscan la perfección...».

LUGAR, MATERIA Y SILENCIO

«Porque la arquitectura es el arte que más se esfuerza por reproducir en su ritmo el orden del universo».

Umberto Eco. *El nombre de la Rosa*

La tradición siembre ha buscado y encontrado una relación directa entre el proceso creador y el lugar de creación, otorgándole a este consideraciones míticas y místicas. Estos *lugares de inspiración* eran vistos como las *tiendas del encuentro* veterotestamentarias, en las que el inspirado iba a recibir el aliento y buscar la idea que bajaba por decisión divina. Hesíodo, por ejemplo, en las primeras discusiones sobre la naturaleza de la inspiración creativa, destacaba que tan importantes eran los aspectos rituales como los orígenes divinos del aliento de un dios. Así, el oráculo de Delfos, como otras sibilas, recibía el vapor y humos divinos en una caverna dedicada a Apolo antes de realizar una profecía. Homero en la Odisea, afirmará en boca de un poeta que sus cantos fueron puestos en el corazón por los dioses.[18] La unión entre la divinidad y el proceso inspirador —y más concretamente en la construcción— queda igualmente manifiesta en la Escuela catedralicia de Chartres, donde se pintó a Dios como «maestro constructor, como *theoreticus* que crea sin trabajo o esfuerzo alguno».[19]

[18] *La Odisea*, 22. 347-8.

[19] SIMSON, O., *La catedral gótica (Los orígenes de la arquitectura gótica y el concepto medieval de orden)*. Alianza, Madrid, 1989, p. 52.

Capitel en Santo Domingo de Soria.

A este lugar de encuentro entre ideas y creadores, a lo largo de la
historia, se le ha dotado de unas características especiales, como
la ubicación, la disposición interior y el uso de determinados materiales. Gráficamente se puede analizar muy bien en el grabado *San
Jerónimo en su celda* que Durero realizó en 1514. En esta obra hay
algo que no se puede pintar. El ambiente que consigue Durero se
debe, sin duda, al esfuerzo del artista por describir el entorno con
detalle pero y, sobre todo, por representar el momento de la inspiración divina. El grabado es muy representativo en muchos aspectos.
Recoge de forma sorprendente el acontecimiento de la inspiración a
San Jerónimo en el instante de la traducción de la Biblia. No solamente el nimbo de la cabeza del santo muestra este momento. También
el hecho de estar descalzo. Este gesto era utilizado en el Antiguo

San Jerónimo en su celda. Durero. 1514.

Testamento[20] cuando el inspirado por Dios se disponía a entrar en
el lugar en el que recibiría la inspiración divina, cuando Dios bajaba
a transmitir a los profetas su palabra. Este ambiente de veneración
y devoción junto al del trabajo y disciplina dan los matices a un
ambiente de silencio, parquedad y sobriedad. Martin Kemp descri-
bió esta obra como «la manifestación suprema del *ars* del grabador
unida a la *scientia* del perspectivista».[21] Durero idealiza un ambiente
de trabajo que no se correspondería en ningún modo con la realidad.
Por un lado, por el anacronismo de una celda monacal en tiempos de
San Jerónimo[22] y, por otro lado, por la descripción gráfica propia de
una celda. Si bien no está representando lógicamente el taller de un
artesano, sí lo está haciendo de un lugar de trabajo inspirado.

Este silencio *cartujo* —no escuchar más allá de lo estrictamente
necesario[23]— quedará latente en todos los ámbitos donde la *ideación*
y *proyectación* se unen con la materialidad y la forma. En este contexto de lugar de generación de ideas, el taller del artesano será un
espacio de encuentro consigo mismo, de creación y de inspiración.
El ejercicio del *Laboratorio de tizas* de Jorge Oteiza muestra de forma
muy clara y plástica el reto del taller: generar un lugar de creación
que a su vez contenga la objetividad técnica y científica del laboratorio. Así, el autor vasco, haciendo referencia a la necesidad de hacer
análisis de toda su producción, hablará de la dualidad inspiración-
taller y retomará los motivos necesarios para una lectura de la propia

[20] *Ex.* 3, 5.

[21] KEMP, M., *The science of art: optical themes in western art from Brunelleschi to Seurat.*
New Haven y Londres, Yale University Press, 1990.

[22] Recordemos que el origen del monacato tal como lo representa el grabado de
Durero no tendrá lugar hasta bien entrado el siglo VI mientras que san Jerónimo de
Estridón vivió entre el siglo IV y V.

[23] La Orden de San Bruno, orden de los cartujos, se rigen con la observación estricta
de la regla o forma de vida, que sobre el silencio dirá: "dada la importancia que tiene
la taciturnidad, raras veces recibirán los discípulos perfectos licencia para hablar,
incluso cuando se trate de conversaciones honestas, santas y de edificación, para
que guarden un silencio lleno de gravedad". (Regla de San Benito VI, 3).

Laboratorio de tizas.

vida: «Marcho aprisa... Pero me he quedado con las manos vacías y con una me he señalado la vida y con la otra he cerrado la puerta de mi taller».[24]

La ideación en arquitectura surge también en un contexto de trabajo similar, en el que el lugar de reflexión, silencio y estudio permite desarrollar las ideas que den origen al proyecto arquitectónico. «A medida que la civilización urbana e industrial asienta su dominio, el nivel de ruido inicia un crecimiento geométrico que hoy en día raya en la locura. Para los privilegiados, en la época clásica de la lectura, el silencio sigue siendo una mercancía accesible, cuyo precio, sin

[24] OTEIZA, J., *Quousque Tandem, Ensayo de interpretación estética del alma vasca. Auñamendi*, San Sebastián, 1963, p. 55.

embargo, no cesa de aumentar».[25] Este contexto de expresividad,
orden y silencio será adquirido no sólo por la idea, sino incluso
por la estructura y materiales. Tal como describe Louis I. Kahn, «la
estructura tiene un orden, el material tiene un orden, la construcción
tiene un orden, el espacio tiene un orden... la luz tiene un orden en el
sentido en que es dad por la estructura y todos estos órdenes pueden entenderse como algo consciente».[26] La búsqueda de una construcción sencilla, austera y vinculada éticamente con determinados
grupos sociales y lugares es lo que ha llevado a numerosos arquitectos a optar por una *arquitectura del silencio*: «Desde el punto de
vista proyectual, esta arquitectura se caracteriza por adoptar formas
elementales, poco ornamentada y figurativamente neutra [...] En un
tiempo sin certezas, en el que las cosas siempre pueden ser de otro
modo, alejar al máximo la amenaza de la arbitrariedad es esencial
para que se obtenga una arquitectura del silencio».[27]

El ejercicio de optar por recursos que inviten a la sobriedad, a la
tranquilidad formal y estructural, será un elemento más que dé
lógica y aclare la *lógica del artesano* como herramienta proyectual.
«En proporción alarmante han desaparecido en las publicaciones
dedicadas a la arquitectura las palabras belleza, inspiración, embru-
jo, magia, sorpresa, silencio, intimidad y asombro. Todas ellas han
encontrado amorosa acogida en mi alma, y si estoy lejos de preten-
der haberles hecho plena justicia en mi obra, no por eso han dejado
de ser mi faro».[28]

Pudiera parecer paradójico hablar de un taller de artesanos y hablar
de silencio. Entendiendo el taller como el lugar del trabajo con

[25] STEINER, G., *El silencio de los libros*, Siruela, Madrid, 2011, p. 33.

[26] KAHN, L.I., "Silence and light. Conferencia en el ETH de Zurich, Febrero 12, 1969"
en LATOUR, A., *Louis I. Kahn: writings, lectures, interviews*, Rizzoli International
Publications, New York, 1991, pp. 245-246.

[27] DA CUNHA, E. Arquitecturas silenciosas. *ARQ* (Santiago) [online]. 2006, n.62,
pp. 10-12.

[28] BARRAGÁN, L., *Discurso de recepción del premio Pritzker*. 1980.

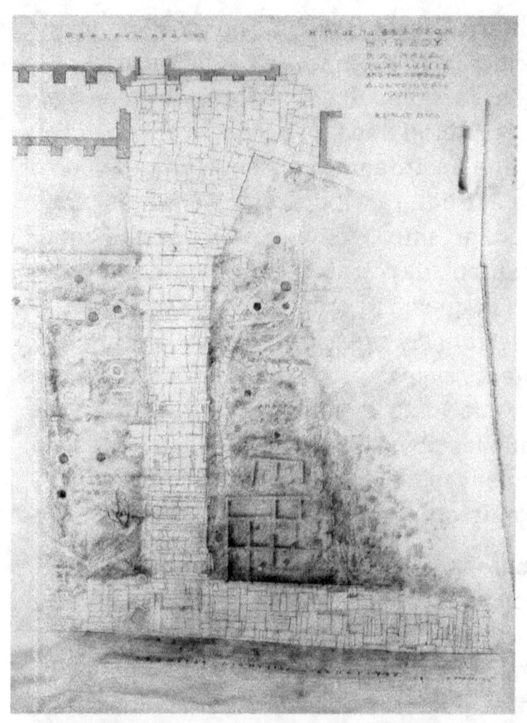

Dibujo de Pikionis para la
intervención en la Acrópolis.

Intervención de Pikionis.

herramientas y materiales, resultaría más lógico hablar de un ámbito
de ruido. No decimos ninguna contradicción cuando afirmamos que
esos dos espacios conviven y se complementan, dado que es el lugar
de trabajo físico donde se da cita el ejercicio intelectual de reflexión
y estudio propios de la actividad artesanal pero también investigadora. El ejercicio proyectual en la *lógica del artesano* llevará esta
doble naturaleza. Por un lado, el trabajo reflexivo de la proyectación
e investigación del lugar y de nuevas técnicas; por otro lado, y de
forma paralela, un trabajo directo con materiales propios. Dimitris
Pikionis participa de este discurso de forma directa: investiga hasta
el extremo para conocer el lugar en el que proyecta (documentando,
dibujando, preguntando, escribiendo...) y toma los materiales propios
del lugar para solicitarle nuevos requerimientos.

EL ARTESANO Y EL ARQUITECTO

«¿Puede la obra al artesano reclamar por qué la hace así?»

Rom. 9.20

¿Qué diferencia podría existir entre el taller de un carpintero lleno
de tacos de madera, serrín, gubias y cola y la caótica mesa de un
arquitecto llena de bocetos, maquetas de trabajo, muestra de materiales, fotografías, notas, libros y libretas? Un único sentido y lógica
proyectual es la que ordena ambos casos, la lógica de un discurso
intelectual y un desarrollo manual. A este respecto, cuál podría ser
la diferencia entre un artesano y un arquitecto. Ninguna. La acción y
el discurso intelectual del artesano han desarrollado a lo largo de la
historia una serie de herramientas y lógicas para acometer el trabajo
que han ido convergiendo de forma casi mimética en largos momentos de la historia con la propia lógica del desarrollo proyectual. Este
hecho ha sido evidente en personajes, a los cuales su dedicación al
ejercicio artesanal les llevó a la arquitectura. Desde Brunelleschi, que
fuera orfebre de plata y oro, hasta el contemporáneo Peter Zumthor,

quien antes de dedicarse a la arquitectura estudiará y desarrollará la ebanistería.

Tanto el artesano como al arquitecto necesitan desarrollar relaciones específicas entre el pensamiento y la creación, entre la idea y la ejecución, la acción y la materia, el aprendizaje y la técnica, la identidad propia y la obra sobre la que esta se proyecta, en definitiva, entre la idea y el ejercicio de proyectación. Este trabajo dota al *creador* de extensiones propias a uno mismo, sus propias obras. Podríamos hacer un recorrido y observar los paralelismos proyectuales entre artesanos/artistas/arquitectos y el desarrollo de su trayectoria profesional. Este ejercicio mostraría el carácter confluyente de la labor del artesano y del arquitecto. Un análisis como este es el que nos lleva a asumir la indivisibilidad de las disciplinas de uno y otro.

Al igual que son muchas las características comunes, el desarrollo de diversas teorías de pensamiento ha ido generando a lo largo de la historia de la arquitectura otras cosmovisiones divergentes. Elementos como la historia, el lugar, los materiales o, simplemente, la técnica empleada han sido algunos de los argumentos esgrimidos por la modernidad para trazar un nuevo camino en la teoría arquitectónica. En la actualidad, bajo el dominio de una postmodernidad permisiva con numerosos resquicios interpretativos del mundo de la arquitectura, han surgido nuevas voces que demandan una vuelta a lo local, en el sentido topográfico y político de la palabra, reivindicando su propio pensamiento e historia: «Parece como si la humanidad, al enfocar en masa a una cultura de consumo básico, se hubiera detenido también en masa en un nivel infracultural. Así llegamos al problema crucial con el que se encuentran las naciones que están saliendo del subdesarrollo. A fin de llegar a la ruta que conduce a la modernización, ¿es necesario desechar el viejo pasado cultura que ha sido la razón de ser de una nación? He aquí la paradoja. Por un lado tienen que arraigar en el suelo de su pasado, forjar un espíritu nacional y desplegar esta reivindicación espiritual y cultural ante la personalidad colonialista. Pero a fin de tomar parte en la civilización moderna, es necesario al mismo tiempo tomar parte en la racionalidad científica, técnica y política, algo que muy a menudo requiere el puro y simple abandono de todo un pasado cultural. Es un hecho: no

El taller de Oteiza.

toda cultura puede soportar y absorber el choque de la moderna civilización. Existe esta paradoja: cómo llegar a ser moderno y regresar a las fuentes, cómo revivir una antigua y dormida civilización y tomar parte en la civilización universal».[29]

No cabe duda de que la aparición de las vanguardias en la sociedad y, concretamente, en la arquitectura jugaron un papel fundamental en la compresión de un nuevo orden que favorecía la libertad y el progreso del hombre. Pero es igualmente cierto que los extremos de posicionamiento llevados por diversas formaciones culturales como el futurismo, dadaísmo, etc. abrieron una dura crítica contra cualquier elemento que pudiera recordar a discursos pretéritos. Estos procesos de ruptura acabaron igualmente con las vinculaciones con

[29] RICOEUR, P., *History and Truth*. Northwestern University Press. Evaston, 1965, pp. 276-277.

el lugar y con su historia. El discurso del artesano no pasaría por un proceso paralelo y, aun sirviendo a nuevas artes y nuevos requerimientos, siempre se mantendría vinculado a las técnicas locales. Su rechazo origina un discurso propio en el nuevo panorama arquitectónico: «¡Nos hallamos sobre el último promontorio de los siglos!... ¿Por qué deberíamos mirar a nuestras espaldas, si queremos echar abajo las misteriosas puertas de lo Imposible? El Tiempo y el Espacio murieron Ayer. Nosotros ya vivimos en lo absoluto, pues hemos creado ya la eterna velocidad omnipresente».[30]

Igualmente este espíritu quedará recogido en el programa de la Bauhaus, en el que Gropius dirá: «¡Arquitectos, escultores, pintores, todos hemos de volver al artesanado! No existe un 'arte profesional'. No hay ninguna diferencia sustancial entre el artista y el artesano. El artista es un artesano de nivel superior [...] ¡Así pues, formemos una nueva corporación de artesanos, pero sin aquella arrogancia que pretendía erigir un muro infranqueable entre artesanos y artistas! Aportemos todos nuestra voluntad, nuestra inventiva, nuestra creatividad en la nueva actividad constructora del futuro, que será todo en una sola forma: arquitectura, escultura y pintura, y que millares de artesanos elevarán hacia el cielo como símbolo cristalino de una nueva fe que está surgiendo. El fin último, aunque remoto, de la Bauhaus es la obra de arte unitaria –la gran arquitectura–, en la que no existe una línea de demarcación entre el arte monumental y el arte decorativo».[31]

A pesar de estas posturas intelectuales en pro de un funcionalismo basado en la máquina y en la tecnología del momento, habrá numerosos arquitectos que, asumiendo los principios del Movimiento Moderno, quieran seguir otra lógica. Estamos hablando del Regionalismo crítico, del cual Kenneth Frampton dará buen detalle describiéndolo como un movimiento de retaguardia. Hablamos de un grupo de arquitectos que usarán las historia, el lugar, la técnica...

[30] Punto n° 8 del primer manifiesto futurista.

[31] GROPIUS, W., *Programa de la Bauhaus de Weimar*. 1919.

Taller textil de la Bauhaus.

bajo una doble acción: desaprender lo aprendido bajo las directrices de la contemporaneidad e insertarlas en un nuevo discurso local.

Tomando prestado de este Regionalismo crítico la vinculación con el lugar como clara diferencia con el Movimiento Moderno, la *lógica del artesano* se definirá en el proceso de ideación del proyecto arquitectónico. Por ejemplo, y como subraya Juhani Pallasmaa, Renzo Piano, aun siendo uno de los arquitectos *high tech* más sofisticados de la actualidad, ha conservado un proceso artesanal en la elaboración del proyecto, en el dibujo, en la experimentación y en la ejecución de la obra. Así, el artesano y el arquitecto desarrollan una misma lógica cuando recorren un mismo camino teórico, comparten el ejercicio de proyectar cuando se acercan desde una misma cosmovisión y vehiculan caracteres identitarios cuando para ambos el proyecto es una idea que proporciona la base para comenzar a trabajar.

LA LÓGICA DEL ARTESANO COMO HERRAMIENTA PROYECTUAL

«Un artesano nunca quiere cubrir su trabajo. En un buen cajón, las uniones en cola de milano no se esconden. La junta es el comienzo del ornamento»

Louis I. Kahn

No podríamos entender la arquitectura del artesano sin antes haber analizado minuciosamente otras experiencias proyectuales como las llamadas *arquitecturas silenciosas* o las *arquitecturas de la austeridad*. Acuñamos este nuevo concepto a la luz de la experiencia de un grupo de arquitectos que, con procesos formativos muy similares, se acercan a la experiencia creadora de una manera muy específica, como bien sintetiza Renzo Piano: «Comienzas por un bosquejo, luego haces un dibujo, después produces una maqueta y finalmente vas a la realidad para volver luego a dibujar. Esto es muy típico en el enfoque artesanal. Piensas y haces al mismo tiempo. Dibujas y haces. El dibujo... se revisa. Lo haces, lo rehaces y lo vuelves a rehacer».[32] Es este recorrido de gestación del proyecto el que nos lleva a hablar de una nueva forma de afrontar la herramienta proyectual: *la lógica del artesano*.

¿Qué es esta lógica? Un proceso, un camino, un recorrido. Es una forma de entender la realidad, una forma de acercarse al desarrollo del proyecto de arquitectura y, por tanto, una forma de entenderla. Como tal, todo recorrido tiene un comienzo y un final. Un comienzo que parte de un posicionamiento personal frente al lugar, un conocimiento del ámbito sobre el que uno piensa, interiorización de la luz y de las sombras del espacio, de las texturas, de los materiales, de los sonidos, de la temperatura... «siendo un ejercicio de síntesis y no de collage».[33] Atender a lo nuclear del proyecto de arquitectura parte de

[32] ROBBINS, E., *Why architects draw*. MIT Press. Cambridge, Mass, p. 126.

[33] VICENS, I., *Dicho y hecho*. Nobuko. Buenos Aires, 2012, p. 64.

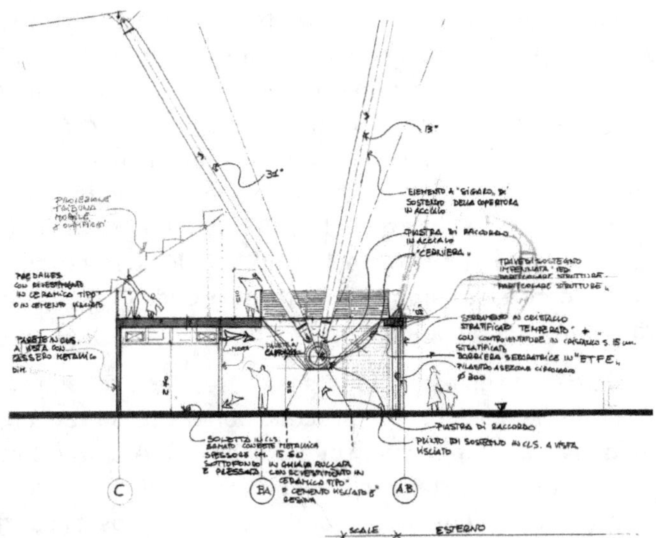

Dibujo de Renzo Piano para el Oval Lingotto de Turín.

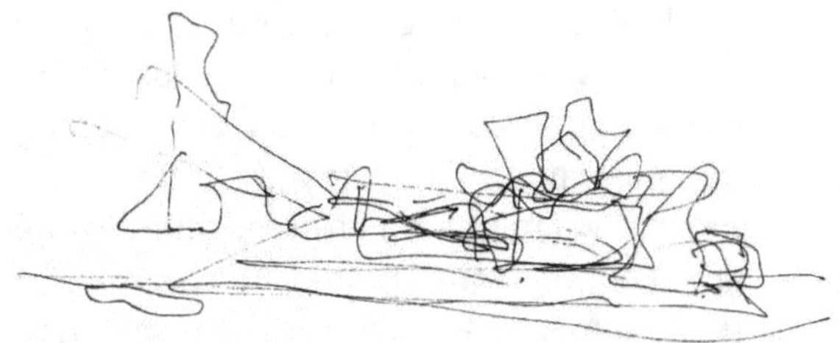

Dibujo de Frank Gehry para el Guggenheim de Bilbao.

Dibujo de Zaha Hadid para la Torre Espiral.

un proceso de aprendizaje. Si es cierta la frase de Javier Carvajal de que «el arquitecto proyecta desde la memoria», el ejercicio de proyectar ha de partir de la reflexión profunda de todo lo aprehendido hasta ese momento: la razón. Este camino de la *lógica del artesano* también tiene un final no asimilable a la obra en sí misma o al objeto terminado. Será la experiencia transmitida en el espacio proyectado y revivida en cada visita en la que el hombre anónimo es el centro. «La arquitectura verdadera sólo existe allí donde el protagonista es ese pequeño hombre común y corriente, allí donde él es el centro, con su tragedia y su comedia».[34]

La *lógica del artesano* en estos apuntes va a ser desarrollada como la lógica de la experiencia, como el proceso por el cual se van adquiriendo habilidades en el propio desarrollo proyectual. Analizando el proceso de aprendizaje del artesano en el que el maestro muestra al discípulo sus propias habilidades y secretos conseguidos a lo largo de su propio desarrollo, el arquitecto aprende a proyectar de igual manera, de la mano de maestros que han mostrado sus formas de entender y resolver la realidad planteada. Este ejercicio, que permite aplicar los conocimientos adquiridos, verá en cada nuevo proyecto un nuevo reto sobre el cual proyectar y proyectarse: «No hace mucho, desarrollamos en el despacho un proyecto para unas termas en la montaña, sin proponernos de antemano ninguna imagen interna en relación con esta tarea constructiva, para luego transformarla según lo que ésta fuera pidiendo; al contrario intentamos responder a toda una serie de preguntas fundamentales que concernían al lugar, a la tarea y a los materiales de construcción –montaña, piedra, agua– y que de momento no se podían representar. Sólo cuando nos fue posible ir dando paulatinamente respuestas a las preguntas hechas al lugar, al material y a la tarea constructiva, surgieron poco a poco estructuras y espacios que a nosotros mismos nos dejaron estupefactos y creo que tienen el potencial de una fuerza primigenia que se remonta más allá de la mera disposición de formas estilísticamente preconcebidas».[35]

[34] AALTO, A., *Conversaciones con Alvar Aalto.* Gustavo Gili. Barcelona, 2010, p. 12.

[35] ZUMPTHOR, P., *Pensar la arquitectura*, Gustavo Gili. Barcelona, 2009, p. 31.

La acción reflexiva del artesano le destina a sentirse afectivamente desarrollado en el ejercicio de su obra; tanto será así que llegará a sentir a su *creatura*[36] como parte misma de sí y por el proceso inverso, por la observación de su obra se conocerá a su autor.

Sennett irá mucho más allá al afirmar que «las capacidades de nuestro cuerpo para dar forma a las cosas físicas son las mismas en que se inspiran nuestras relaciones sociales».[37] Esta concepción de la configuración de la sociedad basada en una cultura material será muy significativa para poder entender la lógica del artesano desde una escala de ciudad e incluso una política. La unión entre el artesano y la ciudadanía se da gracias al pragmatismo desarrollado por este y que es capaz de mostrar un carácter igualitario en el hombre, evidenciando la posibilidad de que cualquiera es capaz de desarrollar habilidades, capacidades para indagar, desvelar o precisar y que no están restringidas a una élite.

La lógica del artesano desarrolla un proceso de aprendizaje basado en la repetición cíclica de los procesos de ejecución como forma de perfeccionamiento. La era moderna es definida por muchos autores como un período de la historia de economía de habilidades, entendiendo por estas lo opuesto a la inspiración innata. Parte de esta definición la relata Sennett cuando afirma que «el atractivo de la edad moderna ha residido en pensar que el talento puede sustituir a la formación y al trabajo».[38] La filosofía de la educación contemporánea

---

[36] La tradición franciscana por herencia de San Agustín, que asume San Buenaventura, manifiesta que por la observación de la creatura se puede conocer al Creador (concepción teológica del conocimiento de Dios). Así, la creación se manifiesta como un "libro" abierto para el hombre, quien está llamado a interrogarlo y descifrar sus palabras más profundas. Ambos pensadores son conscientes de que el acceso a Dios por lo creado no es inmediato ni aceptado por todos los hombres; ello es indicativo de la necesidad de que junto al entendimiento concurra la voluntad y el crecimiento del amor a Dios en el interior humano, lo que a su vez lleva a una determinada manera de concebir qué sea conocimiento y sabiduría. El camino abierto por San Agustín en el siglo IV, es transitado nueve siglos después por San Buenaventura, quien le imprime su original sello y espíritu franciscano.

[37] SENNETT, R., op.cit., p. 356.

[38] SENNETT, R., op.cit., p. 72.

se aparta de modelos de aprendizaje repetitivo por miedo a aburrir con sus discursos y ha intentado reinventarse dejando en manos del maestro 'ilustrado' la responsabilidad de evitar la rutina.

Lo repetido de forma mimética ha pasado a ser lo mecánico, lo realizado por la máquina. Este ejercicio de repetición asumido por un proceso *fordista*[39] ha supuesto una amenaza para el desarrollo del aprendizaje basado en la experiencia. Ante la homogeneización de los sistemas de producción, la novedad se ha valorado de manera tan obsesiva que ha desembocado en un culto a la imagen como estrategia de consumo. En este discurso, J. Pallasmaa afirma que «las razones reales que explican la inhumanidad de nuestro entorno deberíamos buscarlas entre las distorsiones de nuestra imaginería, pensamiento y valores».[40]

Son cada vez más continuas las críticas al movimiento moderno y sus herencias actuales. Serán las tensiones entre el hombre, el lugar y el tiempo las que den paso a numerosas reflexiones sobre la necesidad de la *humanización del espacio y/o de la arquitectura*. Así, cuando en 1964 Bernard Rudofsky expone en el MOMA *Architecture without Architects* pretende mostrar cómo la arquitectura contemporánea es incapaz de producir «belleza, sentido común, adecuación y capacidad de permanencia frente a las arquitecturas populares», las llamadas *arquitecturas sin genealogía*. En octubre de 2010 el MOMA volvía a sorprender con la exposición *Small Scale, Big Change: New Architectures of Social Engagement*, comisariada por Andrés Lepik y que ofrecía una visión de la arquitectura como modeladora del entorno desde un compromiso con la sociedad y con los modos de vida. Con ambos ejemplos se evidenciaba que la arquitectura *sin arquitecto* también tenía un origen, una genealogía, una tipología.

En este contexto de globalidad, de homogeneización de discursos, formas y personalidades, cobran relevancia e importancia otras

[39] El fordismo apareció en el siglo XIX promoviendo la especialización, la transformación del esquema industrial y la reducción de costos.

[40] PALLASMAA, J., *Una arquitectura de la humildad*. Fundación Caja de Arquitectos. Barcelona, 2010, p. 82.

Exposición "Architecture without architects" de Bernard Rudofsky.

lógicas que, partiendo de condicionantes miméticos, han ido por otros caminos acabando en diferentes resultados. La búsqueda de una arquitectura de la tranquilidad huye de la fotogenia periodística del presente, es una arquitectura que nace de la experiencia y devuelve experiencias, en forma de encuentros con ese instante tan perfectamente descrito por Baudelaire en el poema *Invitación al viaje:*[41]

> *¡Mi niña, mi hermana,*
> *piensa en la dulzura*
> *de ir a vivir juntos, lejos!*
> *¡Amar a placer,*
> *amar y morir*
> *en un país como tú!*
> *Los mojados soles*
> *en cielos nublados*
> *de mi alma son el encanto,*
> *cual tus misteriosos*
> *ojitos traidores,*
> *que a través del llanto brillan.*
> *Todo allí es orden y belleza,*
> *lujo, calma y deleite.*
> *Muebles relucientes,*
> *por la edad pulidos,*
> *adornarían el cuarto;*
> *las flores más raras*
> *mezclando su aroma*
> *al vago aroma del ámbar,*
> *los techos preciados,*
> *los hondos espejos,*
> *el esplendor oriental,*
> *todo allí hablaría*
> *en secreto al alma*
> *su dulce lengua natal.*
> *Todo allí es orden y belleza,*
> *lujo, calma y deleite.*
> *Mira en los canales*
> *dormir los navíos*

[41] BAUDELAIRE, C., *Las flores del mal*, traducción de Luis Martínez de Merlo. Cátedra. Madrid, 1998.

Centro Pompidou. Foto del autor.

cuyo humor es vagabundo;
para que tú colmes
tu menor deseo
desde el fin del mundo vienen.
Los soles ponientes
revisten los campos,
la ciudad y los canales,
de oro y de jacinto;
se adormece el mundo
en una cálida luz.
Todo allí es orden y belleza,
lujo, calma y deleite.

La complejidad que encierra la naturaleza de los espacios contemporáneos, favorecida por la mezcla de lenguajes, recursos o materialidades ha ido generando un entumecimiento sensitivo que, como dijera Louis I. Kahn, comienza a demandar una depuración espacial y material.[42] «Allí, el ojo no logra retener ningún objeto que sea más pequeño que un coche. La insensibilidad sensorial encuentra su culminación en la arquitectura intrusiva y exhibicionista del edificio».[43] Con esta afirmación tan contundente Pallasmaa hace referencia a la pérdida de sensaciones detectadas dentro del centro Pompidou quizá por el valor negativo del exceso. Esta complejidad que en sí misma contiene la riqueza de lo plural,[44] puede caer en la búsqueda de lo complejo como objeto de origen y meta. La sociedad contemporánea, compleja por el entramado de discursos, redes, relaciones y tautologías, se materializa en un soporte físico, huella de un pasado que interacciona con el presente: la ciudad. Esta es el resultado de la suma de numerosas partes, es el elemento cambiante que se adapta como buen soporte a una serie de actividades propias de su contemporaneidad.[45] Para poder adentrarnos en ella habrá que «mirar el concepto de ciudad como totalidad y de la posibilidad de acercarnos a la compresión de esta totalidad mediante el estudio de sus diversas manifestaciones de su comportamiento».[46]

Por un lado, el discurso contemporáneo del proyecto de arquitectura, paralelo al de construcción de la ciudad, afianza sus argumentos en esta deriva de sociedad del exceso, la profusión y la forma, dando en definitiva, una nueva dimensión de la escala. Por otro lado, quedan las palabras de Aulis Blomstedt sobre la arquitectura como arte de la moderación, la reserva y la modestia: «el estilo es el resultado de una postura ética y de una elección. La elegancia sólo puede alcanzarse a

---

[42] KAHN, L. I. *Espacio, Forma, Uso*. El Croquis Editorial. Madrid 2003, p. 77.

[43] PALLASMAA, J., *Una arquitectura...* Op. cit., p. 55.

[44] MORIN, E., *El método*. Cátedra. Madrid. 2006.

[45] CAPEL, H., *La morfología de las ciudades*. Ediciones del Serbal. Barcelona, 2002, p. 101.

[46] ROSSI, A., *La arquitectura de la ciudad*. Gustavo Gili. Barcelona 1982, p. 61.

Museo Castelvecchio.
Carlo Scarpa. Detalle.

través del ascetismo».[47] En el centro quedan numerosas arquitecturas que se relacionan dentro del soporte ciudad, todas ellas representativas de una forma de entender la realidad, de convivir con el medio, de interaccionar entre discursos y demandas sociales y de una síntesis entre el lugar y pensamiento (aprehendido o adquirido). La relación entre ambos modelos queda manifiesta cuando sobre elementos heredados de sociedades pretéritas, se pretende intervenir con modelos contemporáneos. Ahí radica el encuentro, el límite, la frontera (diluida o redibujada). «Probablemente falte algo en la formación del arquitecto. Antaño uno tenía que ser primero artesano, trabajar como tal un cuatrimestre del primer año de la carrera...».[48]

[47] BLOMSTEDT, A., *Pensamientos y formas*.

[48] UTZON J., *Conversaciones y otros escritos*. Gustavo Gili, Barcelona, 2010.

LA LÓGICA DE LA RAZÓN

«En arquitectura hay que eliminar ocurrencias».[49] Esta aplastante
afirmación aparecía como titular en una entrevista a José Antonio Granero siendo decano del Colegio Oficial de Arquitectos de
Madrid. Hacía una clara y rotunda apuesta por volver a lo sustantivo
de la arquitectura eliminado los adjetivos, una vuelta al rigor, a la
serenidad y a la responsabilidad. Por otro lado, Campo Baeza apelando al sentido común y advirtiendo de la resaca que la arquitectura
estrambótica está dejando en los estudiantes, dirá sin paliativos que
«ante cualquiera de estos nuevos monstruos todos se arrodillan,
como si de catedrales de una nueva religión se tratara».[50] También
Rafael Moneo, en otra reciente entrevista afirmaba, tras saberse
ganador del Premio Príncipe de Asturias de las Artes, que «la visión
del arquitecto artesano está en trance de desaparecer, aunque una
actividad como la nuestra siempre tendrá sentido».[51] Pallasmaa no
hace mucho escribía que: «Actualmente la arquitectura se encuentra
sumida en el caos en todo el mundo [...] se nos brinda una estupenda
oportunidad para diagnosticar la arquitectura de nuestro tiempo».[52]
¿Qué está ocurriendo en nuestra disciplina para que eminentes
arquitectos y pensadores nos estén alertando tan abiertamente
sobre la deriva de la arquitectura? No es de extrañar que comiencen
a levantarse estas voces cualificadas para demandar una vuelta al
sentido común y reclamen un nuevo planteamiento en el devenir de
la arquitectura en la sociedad contemporánea.

Este contexto de pérdida de norte no es exclusivo de la arquitectura.
Asistimos a una crisis del pensamiento mismo. No está de moda
pensar y este es un hecho extensible a todos los ámbitos de la cultura contemporánea, como subraya Byung-Chul Han en su libro
La sociedad del cansancio.[53] Este autor, por muchos considerado ya

[49] *El Pais*, 30 de septiembre de 2011 [consultado 2 de agoto de 2014]

[50] CAMPO BAEZA, A. *Poetica Architectonica*. Editorial Mairea. Madrid, 2014, p. 55.

[51] *La Razón*, 12 de mayo de 2012 [consultado 16 de abril de 2013]

[52] PALLASMAA, J., *Una arquitectura de la humildad*. Op. cit., p. 37.

[53] HAN, B.C., *La sociedad del cansancio*. Herder. Madrid, 2012.

como la nueva estrella de la filosofía alemana, advertirá sobre el modelo de agotamiento mental al que la sociedad está llegando por haber basado su modelo de trabajo en una realización personal u optimización personal: «Uno se ve en libertad. Por lo tanto, no llega la alienación, sino el agotamiento».[54]

La arquitectura necesita referentes. Al igual que el artesano asiste a las muestras de artesanía buscando nuevas perspectivas, la arquitectura necesita referencias propias de arquitectura. La búsqueda de estereotipos y lenguajes ajenos a nuestra disciplina ha trivializado lo fundamental. En numerosas ocasiones, el mal entendido concepto de la interdisciplinariedad ha llevado a descosificar nuestra propia disciplina en una búsqueda *a priori* fallida. Nunca se podrán establecer mejores relaciones interdisciplinares que cuando el arquitecto sea lo que es, sin más pretensión que ser arquitecto. Este estado de amnesia de su razón de ser se ha visto incentivado estos últimos años, cuando la arquitectura servía a fines puramente especulativos y se olvidaba de su sentido último: el hombre. «Cuando la arquitectura se concibe como un negocio entra en un terreno peligroso, ya que pierde la razón de su existencia; que es una cuestión fundamentalmente humana, de vida y de solidaridad»,[55] sentencia Chul Han. A los convulsos años de implosión económica que sufrió la arquitectura le siguieron tiempos de cierto desquiciamiento profesional. Este hecho ha mostrado cómo ahora más que nunca hace falta una vuelta a la razón de ser de la disciplina.

«Pensamos que los arquitectos de cualquier profesión son más admirables, tienen más conocimientos y son más sabios que los artesanos, porque conocen las razones de lo que hacen».[56] Aristóteles basará la diferencia entre arquitectos y artesanos en un único punto: el conocimiento de la razón. Hablar por tanto del artesano es hablar de la aplicación de la razón, o mejor dicho, del intento de

[54] *El País*, 22 de marzo de 2014 [consultado 11 de agosto de 2014].

[55] *ABC*, 21 de mayo de 2012 [consultado 17 de septiembre de 2013]

[56] ARISTÓTELES, *Metafísica*, 981a30-b2.

aplicación de la razón. Podríamos decir que la figura del artesano es el mejor símbolo de la ilustración. Primero, porque iguala el trabajo manual al trabajo intelectual. Es el primer momento que se da esta circunstancia desde que los presocráticos separaran ambas realidades. En segundo lugar, el artesano muestra la imagen del hombre que continuamente tiene que mirar a su propia razón de ser como único ejercicio vertebrador de sus contingencias. Ante la posibilidad de industrializar procesos, de simplificar planteamientos o de estandarizar etapas, continuamente se hará la pregunta necesaria: ¿cuál es mi razón de ser? Esta pregunta le servirá para resituar su posicionamiento frente a la sociedad e incluso consigo mismo. Este ejercicio lleva implícito un fuerte paralelismo en cuanto al posicionamiento continuo de su razón de ser en y para la sociedad.

La búsqueda de la razón en la arquitectura contemporánea será ir al encuentro de una nueva cultura material que parta de la razón como herramienta fundamental del arquitecto. A lo largo de la historia de la arquitectura esta siempre ha ido íntimamente unida a la razón, a las matemáticas, a la armonía, a la geometría, a las proporciones... Será a mitad del siglo XVIII con la aparición de los ingenieros como una nueva profesión fuera de la arquitectura cuando comienzan a surgir discursos que irán apartando el peso de lo racional en la arquitectura: «... las razones principales, determinantes en arquitectura, no son otras que el programa y los medios materiales. El programa no es sino el enunciado de las necesidades. En cuanto a los medios, difieren, pueden ser restringidos o extensos; sean los que fueran es necesario conocerlos y tenerlos en cuenta: se puede satisfacer el mismo programa con medios muy diferentes, en razón del lugar, de los materiales y los recursos de que se dispone».[57]

Es lógico que Boullé, en su búsqueda de la razón, proyectara el Cenotafio de Newton o la Biblioteca Nacional de Francia. Proyectar una biblioteca será pensar un monumento a la razón. Detengámonos aquí un instante para hacer una reflexión a través de la comparación dos proyectos de biblioteca, ninguno de los dos construidos. Por

[57] Viollet-le-Duc, 1863-1872, t. I, p. 464.

Cenotafio de Newton. Boullée.

Biblioteca de nacional de Francia. Boullée.

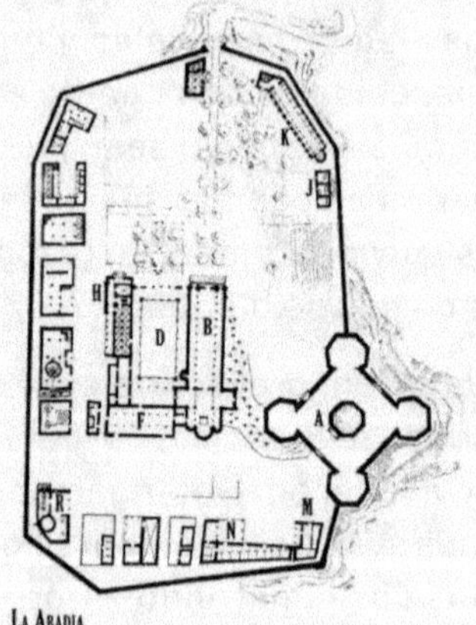

Biblioteca del Monasterio de la novela
El nombre de la Rosa. Umberto Eco.

un lado, el citado proyecto de Boullé y, por otro lado, el proyecto de biblioteca descrito por Umberto Eco en *El nombre de la Rosa*.

Son evidentes las dos cosmovisiones que muestran cada uno de los proyectos. Si el de Boullé muestra la claridad de la unidad de la razón, imagen lógica dentro de un contexto de la ilustración, Umberto Eco reflejará una realidad fragmentada,[58] una razón como suma de pequeños fragmentos o citas. Si apelamos al origen simbólico de este proyecto –recordemos que Eco es catedrático de semiótica– se derivarán numerosas características ajenas a la razón: complejidad laberíntica, falta de perspectiva, oscuridad. Boullé, con un criterio unificador propio de la Francia ilustrada, hará de la Luz un lugar de encuentro, una gran plaza para el conocimiento mediante el procedimiento dialéctico, siempre iluminado desde lo alto, emplazando perimetralmente la biblioteca. «La arquitectura [...] entonces desprovista de las luces que solo la razón puede encender, [...] ha buscado el empleo de ciertas formas sin analizarlas, sin recurrir a las causas».[59] Frente a ello, en *El nombre de la Rosa*, nos encontramos con un espacio para el almacenamiento en el que el hombre no puede tomar parte sino para seguir generando nuevos conocimientos que permitan seguir aumentando la biblioteca. Así, se evidencia la falta de perspectiva y, por tanto, de verdades unitarias, discurso lógico del nominalismo de Eco.

Podríamos seguir extrayendo paralelismos que darían pie a nuevos discursos sobre la posibilidad de la aplicación de la razón como resultado de verdades universales. La cita indirecta de Borges, por ejemplo, representada en el personaje del Abad Jorge de Burgos,[60] hace clara alusión al mundo laberínticos de las bibliotecas descrito en su obra. En estas dos realidades proyectuales –si bien ambas justifican la búsqueda de la razón o, mejor dicho, ambas buscan el

[58] VICENS, I., *Dicho y hecho*. Nobuko. Buenos Aíres, 2012.

[59] Viollet-le-Duc, 1863-1872, t. 1, p. 451.

[60] GARCÍA, F., "Borges y el Nombre de la Rosa", en *Anales de literatura hispanoamericana*, núm. 16. Universidad Complutense. Madrid, 1987, pp. 117-126.

conocimiento como génesis de la razón– una optará por verdades
absolutas alcanzables mientras que Eco solamente verá como alcanzables verdades fragmentadas, un discurso lógico de una sociedad
relativista. Estos dos proyectos podrían tener sus paralelismos. Sin
ir más lejos, cabe comparar la Biblioteca de Estocolmo de Asplund
con la Biblioteca Nacional de Francia de Dominique Perrault. Desde
un punto de vista formal e incluso proyectual evidencian dos realidades completamente diferentes y enfrentadas.

Admito la complejidad que supone hablar de lógica en un contexto
de postmodernidad que no acepta posibilidad alguna de elaborar
discursos universales ni verdades coherentes. Frente al conocimiento relativo, el conocimiento del artesano. Se trata de un conocimiento que buscará la ley objetiva que ordena lo caótico, un conocimiento
que viene heredado de la técnica, del uso reiterado de los materiales,
las formas y las herramientas. El conocimiento del artesano será el
de la vuelta a la observación[61] de la Grecia clásica, en la que el arte
y la técnica no se diferenciaban. Posteriormente, y como describirá
Heidegger, el mundo tecnificado quedará desalienado del poetizar.
La propuesta del artesano será dejar *ser al ser*.[62]

El artesano, por tanto, basará su conocimiento en la lógica de lo invariable: la luz, la geometría, la gravedad. Serán estos los puntos a los
que volverá en todo momento al comienzo de cada nueva obra. Buscará la referencia de la invariabilidad, una abstracción fruto de la aplicación más estricta de la razón: «Sin plan se produce esa sensación de
informidad, de indigencia, de desorden, de arbitrariedad insoportable
al hombre. [...] Un plano [...] es una abstracción austera, una algebriza-
ción, árida a la vista. El trabajo del matemático sigue siendo igualmente una de las más elevadas actividades del espíritu humano».[63]

[61] La observación como forma de trabajo desarrollada en Amereida. Cf. CRUZ, A., *El
acto arquitectónico*. Escuela de Arquitectura y Diseño. Pontificia Universidad Católica de Valparaíso. Valparaíso, 2010.

[62] Heidegger hará esta propuesta basándose en los versos de Holderlin Poética-
mente habita el hombre.

[63] LE CORBUSIER, *Hacia una arquitectura*. Poseidón, Buenos Aires, 1977, pp. 36-37.

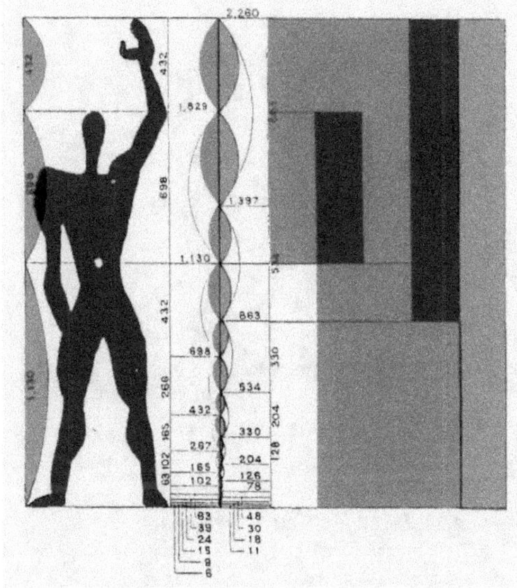

Modulor. Le Corbuiser.

Apartarse de la razón será perder la referencia invariable: «En efecto: el hombre dominado por la cólera experimenta evidentemente una clara angustia y una pena que le aprieta el corazón cuando de modo brutal y ciego se aparta de la razón».[64] La arquitectura fundamentada en la razón, en una lógica, será sin duda la arquitectura que necesitará el hombre: «La arquitectura exige ciertas cualidades del pensamiento del cerebro, o sea la concepción». Serán las arquitecturas que emocionen y que surjan, por tanto, de la necesidad propia de una sociedad que la demande. Si bien hay varios autores que separan entre arquitecturas de la razón, arquitecturas de la emoción y arquitecturas de la acción, observaremos cómo la arquitectura basada en la lógica de la razón nos llevará a espacios donde se den toda clase de emociones. Será la arquitectura necesaria.

[64] MARCO AURELIO, *Meditaciones*, Libro 2, 10.

Cabaña del Abad Marc Antoine Laugier.

Buscando un ejercicio primitivo de arquitectura, como pudiera ser el planteado por el Abate Marc-Antoine Laugier con la cabaña, podríamos localizar todo el ejercicio arquitectónico y del hecho proyectual en él. Por un lado, una arquitectura que plantea la función básica de generar un espacio de habitación, una arquitectura despreocupada del formalismo inicial, con un único planteamiento: habitar. En segundo lugar, el hecho de salir de la cueva y hacer un nuevo espacio, aunque este sea una cabaña. Como dice Barragán: «Mi casa es mi espacio, una pieza emocional de arquitectura». Es, por tanto, la arquitectura que brota de la razón la que tiene la capacidad de emocionar y la que es capaz de surgir de las necesidades reales del hombre. No hay pues una arquitectura de la razón, otra de la sensación y otra de la acción. La arquitectura es una y esta surge de la mejor herramienta que tiene el arquitecto: la razón.

Es partiendo de esta razón de donde surge una lógica. Aunque pueda ser una perogrullada, hablaremos de una lógica por nacer de

Grabado "El sueño de la razón produce monstruos" de Goya.

un razonamiento. Así, acercarnos a la *lógica del artesano* será hacerlo al razonamiento que surge del pensamiento del artesano. Este se dedica a hacer bien su trabajo por el simple hecho de hacerlo bien, ese es su único planteamiento. Un hecho que lleva implícito un alto grado de compromiso con la sociedad en la que se inserta, un compromiso que le conducirá a aceptar unos encargos y rechazar otros. Dejar descansar la razón apartará al arquitecto de su compromiso con el hombre y producirá los monstruos profetizados por Goya. «El olvido de la razón, la falta de razón, la ausencia de una idea coherente, capaz de generarla y de sustentarla, hace que la arquitectura sea a veces, tantas veces, monstruosa».[65]

[65] CAMPO BAEZA, A., *La idea construida.* Nobuko, Buenos Aires, 2006, p. 14.

ENTRE LA MANO
Y LA MÁQUINA

«Escucha al hombre que trabaja con sus manos. Él te mostrará la mejor manera de hacer las cosas».

Louis I. Kahn

Las diferentes teorías del conocimiento a lo largo de la historia han ido enfocando el centro de sus planteamientos en diferentes puntos de vista manteniendo en todos ellos un criterio común, el de la veracidad o no de la información recibida por medio de los sentidos físicos del hombre. En este planteamiento, Aristóteles elabora un discurso en el que admite la existencia de los sentidos como catalizadores capaces de recibir información objetiva sin necesidad de ningún proceso intelectual. Platón[66] enuncia que el conocimiento sensible es relativo y no admite que sea la única forma de conocimiento. Cree que hay otra forma que es propia de la razón y que se dirige a un objeto distinto del objeto que nos presenta la sensibilidad: las Ideas. El verdadero conocimiento ha de versar sobre el ser, no sobre el devenir físico, y no puede estar sometido a error, ha de ser infalible. El conocimiento sensible, no puede ser el verdadero conocimiento ya que no cumple ninguna de esas características. Más recientemente, Ortega y Gasset dirá que el sentido del tacto es el que nos permite, de forma clara y decisiva, el intercambio con el mundo exterior: «A diferencia de la visión y la audición, con el contacto físico sentimos las cosas que tocamos dentro de nuestros cuerpos».[67] Este sentido es el que nos pone en contacto con la realidad, es el intermediario directo y el interlocutor que actúa desde la expresión gestual de los espacios anímicos y de la relación con los otros hasta la alteración del entorno. Para Bertrand Russell «no solo

[66] El análisis del conocimiento en Platón no es objeto de un estudio sistemático, abordado en una obra específica dedicada al tema, sino que, como ocurre con otros aspectos de su pensamiento, se plantea en varios de sus diálogos.

[67] ORTEGA Y GASSET, J., *Meditación de la técnica y otros ensayos sobre ciencia y filosofía*. Alianza editorial. Madrid, 2004, p. 34.

Manos. Juan Navarro Baldeweg.

la geometría o nuestro físico, sino la concepción total de lo que hay dentro de nosotros se basa en el sentido del tacto».[68]

Hasta hace no mucho tiempo parecía imposible poder comprar o vender algo por internet, no tanto por el hecho técnico en sí, sino por una norma no escrita, sobre todo en la cultura mediterránea y latina, de tocar antes de comprar. ¿Cuántas veces hemos visto en un

[68] RUSSELL, B., *Abc de la relatividad*. Ediciones Imán, p. 5.

Puntos táctiles ubicados en el recorrido turístico de la Alhambra. Granada.

mercado a las personas tocando los productos antes de adquirirlos? Esto, que podría parecer una costumbre de mal gusto o poco higiénica, ha sido de suma importancia en nuestra cultura. En el mismo sentido, recientemente nos sorprendía la noticia de la ubicación de puntos táctiles a lo largo del recorrido de la Alhambra de Granada[69] para poder tener la experiencia de tocar elementos constructivos del monumento nazarí. Y es que somos herederos de la cultura del tacto, herederos de una forma de conocimiento directa como es la experiencia personal. Este modo de relacionarse, de interactuar el sujeto en el espacio mediante el tacto es el que ha posibilitado encuentros tan prolijos como el del escultor con su escultura o el del arquitecto con su dibujo: «El espesor y la realidad de las cosas no están, pues, en las cosas mismas, sino que están en nuestra mente y dependen

[69] El Ideal de Granada. 29 de septiembre de 2013. [Consultado 30 de junio de 2014]

Creación de Adán. Puerta del Paraíso. Ghiberti.

de la cantidad de correlaciones que una cierta estimulación senso-rial consigue generar».[70]

Este proceso de tocar, palpar, modelar un objeto es lo que ha llevado a numerosos autores a lo largo de la historia a verlo como la actividad suprema de la creación. Desde Pandora, modelada en arcilla por las manos de Hefesto por orden del mismo Zeus, hasta Adán, al que Dios

[70] MANZINI, E., *Artefactos. Hacia una nueva ecología del ambiente artificial.* Celeste Ediciones. Madrid, 1992.

El rapto de Proserpina. Bernini.

modeló «de arcilla del suelo»,[71] todos los orígenes han sido relatados como el acto creativo del encuentro directo entre artesano y naturaleza, entre creador y creatura. Esta actividad lleva implícitos muchos componentes de carácter emocional. Es singular el hecho de que previo a la acción de ser creados hayan sido pensados por el creador. Esto dota al objeto creado de una extensión y proyección del sujeto pensante. Todas las artes, pintura, escultura, música, cine y, por

[71] Cf. Gn. 2, 7.

supuesto, arquitectura, llevan implícito este modelo de pensamiento, al que podríamos calificar de modelo directo, en el sentido de que no hay otros mecanismos, discursos o herramientas intermedios. Dice Saramago: «Verdaderamente son pocos los que saben de la existencia de un pequeño cerebro en cada uno de los dedos de la mano, en algún lugar entre falange, falangina y falangeta. Ese otro órgano al que llamamos cerebro, ese con el que venimos al mundo, ese que transportamos dentro del cráneo y que nos transporta a nosotros para que lo transportemos a él, nunca ha conseguido producir algo que no sean intenciones vagas, generales, difusas y, sobre todo, poco variadas, acerca de lo que las manos y los dedos deberán hacer».[72]

Hablar de la mano como extensión del órgano creador en arquitectura es hablar de los comienzos, comienzos de la dinámica proyectual, comienzos generando pensamiento, comienzos para *Pensar con las manos*.[73] La mano es el primer vehículo capaz de sintetizar una idea y plasmarla en un soporte físico. Es la generadora de la tensión creadora tan plásticamente representada por Miguel Ángel en los frescos de la Capilla Sixtina, o la mano que abraza en el *Rapto de Proserpina* de Bernini. Es el comienzo. Ya desde la antigüedad las manos eran consideradas una parte del cuerpo muy a tener en cuenta, dado que por ellas al igual que se podía transmitir la fe (con la imposición de las manos), se podía acabar contaminado de pecado si se tocaba lo impuro. Paralelamente, eran las protagonistas de ciertos ritos de purificación como el del lavatorio previo a sentarse a la mesa contenido en la Torah,[74] o la purificación de los pecados muy bien representada en el lavatorio de Poncio Pilatos. Pero lo que sin duda han aportado las manos al hombre es la extensión de la capacidad de pensar: «La esencia de la mano nunca puede determinarse o explicarse por el hecho de ser un órgano que puede agarrar [...]. Cada movimiento de

[72] SARAMAGO, J., *La caverna*. Editorial Alfaguara, Madrid, 2000, p. 103.

[73] CAMPO BAEZA, A., *Pensar con las manos*. Op. cit.

[74] Aunque los libros donde vienen recogidas estas normas podrían ser considerados el Antiguo Testamento Bíblico, dado el origen de estas en el pueblo judío, parece más lógico y correcto ubicarlas en la Torah.

"El tacto". Cuadro de la serie
"Los sentidos". José de Ribera.

"El tacto", también conocido como
"El escultor ciego". José de Ribera.

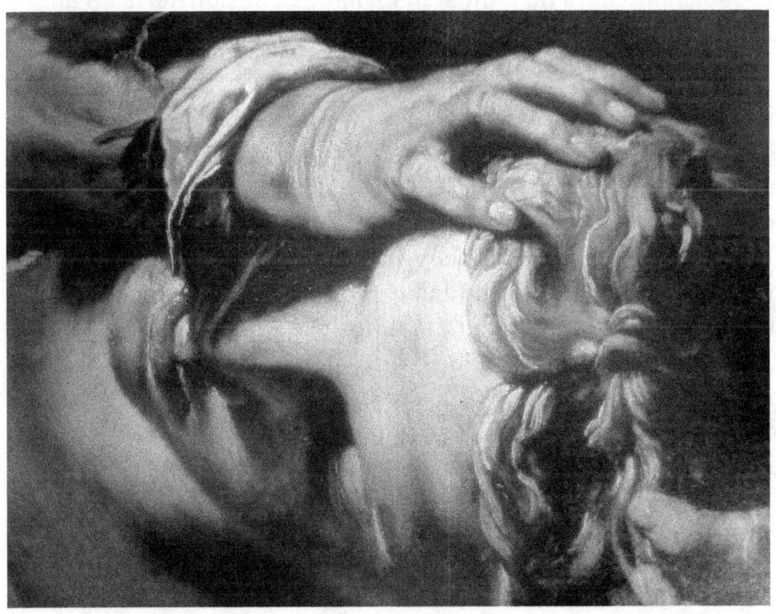

Detalle. "El tacto", también conocido como "El escultor ciego". José de Ribera.

la mano en cada uno de sus trabajos lleva consigo el elemento del pensamiento, cada porte se soporta dentro de este elemento».[75]

Es evidente que en la caracterización de las manos juega un papel muy importante el elemento subjetivo de lo sensorial, el tacto. En la *Alegoría del tacto*, también denominado *El escultor ciego*, José de Ribera realiza una obra magistral exponiendo de forma plástica la intensidad que el tacto proporciona a un escultor. En este caso lo lleva al extremo, haciendo al escultor invidente. Con la cabeza de la escultura griega entre las manos, como si de un cuadro de Giorgio de Chirico se tratara, Ribera plasma uno de los elementos más característicos del barroco: la duda de los sentidos. En un momento en el que todo eran *retablos* o trampantojos de situaciones ilusorias o efímeras, el artista plasma el tacto como una forma objetiva del conocimiento. De alguna, manera los ojos cerrados mirando hacia dentro hacen que el acto de tocar se convierta en un acto creador. La imagen mental que intuimos dibujándose tras esa frente iluminada ocupa el espacio entre el cuadro y nosotros y nos deja en un silencio respetuoso, como para no molestar. La imagen se convierte en antiimagen, en experiencia personal y nos descubre que la única imagen importante es la interior, la invisible.

A lo largo de la historia se ha considerado a la herramienta como una extensión de la mano y por tanto del brazo, se podría decir que se ha concebido una *mano especializada*. Con la lapidaria sentencia kantiana «la mano es la puerta de la mente» se subraya la unión directa entre la mente y el ejercicio creativo, con la mano como sujeto activo. Este hecho biunívoco ha permitido la reciprocidad del cambio en cualquiera de los extremos. No podríamos decir igual de la máquina. La máquina no sería prolongación del sujeto que actúa sobre ella, pero sí la proyección de este: «En la coyuntura técnica y social actual, se hace sin embargo alarmante la deshumanización de los productos y de las relaciones productivas e interpersonales debido a la tendencia de anular el cuerpo y el uso de las manos. En las diferentes actividades productivas y cotidianas, se observa una pérdida del gusto

[75] HEIDEGGER, M., *¿Qué significa pensar?* Editorial Trotta. Madrid, 2010.

Fábrica textil del siglo XIX.

por las manualidades y de la sensibilidad por los materiales. También
las relaciones de proximidad, el tocar y tocarse se relegan a un plano
secundario a favor de la comunicación a distancia –telecomunica-
ción–. La máxima subordinación de la mano al ojo es la computación,
proceso completamente articulado mediante la tecnología, aplicada
al proceso generativo de la arquitectura y haciéndose extensiva a
todos los artefactos mediante el dibujo por ordenador».[76]

La aparición de la máquina, entendida esta como la herramienta que
permitía la optimización de recursos en los procesos de fabricación,
generó muy rápidamente un dilema y puso de manifiesto cómo los

[76] TRACHANA, A., 'Las manos. La liberación de las manos para la creatividad y la
innovación', en *Revista Creatividad y sociedad*, n° XVIII. 2012.

objetivos de la máquina y del artesano no eran convergentes sino divergentes. El desarrollo de la cultura mecánica aplicada a la fabricación evidenció a principios del XIX una sociedad atraída por la asepsia de lo pulcro y perfecto, de lo fabril, mientras se mostraba cada vez menos receptiva de lo artesano. Este punto de inflexión supuso la anulación del artesano como mediador entre el hombre y la máquina pasando a ser su enemigo. Será el momento en el que John Ruskin subraye la gran pérdida de la imperfección. En el momento en el que la máquina está cobrando esta autonomía se dan discursos paralelos en el campo de la ciencia en los que se persigue la perfección. Se busca, como dice Laplace en 1814, «una inteligencia que en un momento determinado conociera todas las fuerzas que animan a la naturaleza, así como la situación respectiva de los seres que la componen».[77]

Esta doble realidad, mano y máquina, no será algo exclusivamente relativo a cuestiones de producción o fabricación material. La dualidad encerrada en este par de conceptos, en su origen colaborativa y que muy pronto pasó a ser una relación de oposición, trascenderá a realidades sociales paralelas, entre ellas, lógicamente, la arquitectura. La contemporaneidad ha dado un salto pasando de la dualidad mano-máquina a la dualidad mano-ojo. El discurso encerrado en esta nueva ambivalencia de conceptos será el que recoja la *lógica del artesano* y el que subrayaba Juhani Pallasmaa recientemente en una entrevista: «La arquitectura de hoy ha descuidado los sentidos, pero no sólo eso explica su inhumanidad. No es para la gente. Tiene otros objetivos, no el uso de los ciudadanos. La arquitectura se ha convertido en un arte visual. Y, por definición, la visión te excluye de lo que estás viendo. Se ve desde fuera, mientras que el oído te envuelve en el mundo acústico. La arquitectura debería envolver en sus tres dimensiones. El tacto nos une a lo tocado. Por eso una arquitectura que enfatiza la vista nos deja fuera de juego».[78]

---

[77] LAPLACE, Ensayo filosófico de las probabilidades, en: GONZÁLEZ, J.L., *El taller de las ideas: diez lecciones de historia de la ciencia*. Universidad Complutense. Madrid, 2005, p. 327.

[78] *El País*, 12 de agosto de 2006 [Consultado 18 de marzo de 2012]

ORIGINALIDAD Y REPRODUCIBILIDAD

Es el ejercicio de reflexión directa sobre el objeto creado el que da valor al objeto en sí. «El artista, el científico, el escritor, ¿no son trabajadores manuales? La letra de un escritor que en realidad es la forma de su idea o de su sentimiento, digo su logro, ya que nunca se realiza mejor un poema que poniéndose a escribirlo, porque en el aire no se concierta nada ¿no es un producto manual? Pues ¿y los dedos de un pintor, de un escultor, de un pianista, de un director de orquesta, de un cirujano, de un médico que percute un pecho, un intestino; de un astrónomo en su telescopio, de un químico en su microscopio, de un injertador, de un carpintero? Una mecanógrafa ¿no puede realizar con sus dedos algo tan pulcro, tan exacto, tan bello como un pianista en una sonata? Es necesario que nos acostumbremos a ser, considerarnos todos obreros manuales de otros o de nosotros mismos y a considerar lo que sale de las manos, en gran parte por las manos como un arte superior». Así describía Juan Ramón Jiménez en su obra *El andarín de su órbita*[79] el papel de la mano en el proceso de creación. La noción de originalidad viene unida al papel del hombre vinculado intelectualmente a lo creado. Más adelante dirá: «si yo consiguiera, en ésta reflexión, ayudar a los que no se hubiesen dado cuenta nunca de este tesoro de sus manos, de esa felicidad de tener unas manos obedientes a su espíritu para cualquier cosa, me quedaría contento, orgulloso como debiera estarlo, si es necesario, el buen empleador de ellas. Sería feliz como él». El poeta onubense hace referencia al proceso que encierra la relación de la mano con el cerebro como uno de los valores supremos del hombre. Cuando se centra en esta relación directa subraya el carácter de *ser único* que encierra este proceso. Y es que, la característica fundamental que esconde el *ser original* es la de sentirse único y diferente al resto, es la característica que recoge el valor objetivo del *creador* sobre su *creatura*. Así se ha ido narrando a lo largo de la historia con numerosos discursos míticos o catequéticos que no eran más que la justificación del hombre de sentirse uno y único en la creación.

[79] JIMENEZ, J. R., *El andarín de su órbita*. Magisterio español. Madrid, 1974.

Es lo extenso del planteamiento *ser original* lo que ha generado que a lo largo de la historia, y concretamente de forma mucho más prolija en la historia de la arquitectura, se hayan suscitado discursos de pensamiento *copernicano* que llegaran a pensar que todo giraba en torno al hombre y, más concretamente, al hombre pensador. Este carácter de unicidad del hombre, de sentirse uno, será el que se proyecte sobre lo pensado y realizado por él. Se trata de un discurso de ida y vuelta, ya que al proyectarse sobre lo pensado se reconocerá en ello devolviendo al creador la noción de único realizada en él. El sentirse realizado con lo creado manualmente será parte de la realidad del artesano y configurará su propia lógica. Esta será una de las principales diferencias que mantiene este estudio con el ejercicio reflexivo de Sennett.[80] Él, en un pormenorizado discurso sobre el impacto en la sociedad del trabajo del artesano, describirá diferentes formas de entender el trabajo en función del compromiso del trabajador sobre la obra realizada. No cabe duda de que esta será una característica fundamental para entender la realidad que configura el trabajo artesano, pero no será exclusiva. Será la implicación de este con la obra –por la proyección subjetiva del trabajador– la que realmente muestre el grado de compromiso y, por tanto, el grado de realización del propio artesano. El artesano percibe la originalidad como la combinación reflexiva entre el sentirse realizado, sentirse proyectado y sentirse reconocido en la obra realizada. Aquí se encontraría la principal diferencia con el concepto creatividad que ha venido siendo utilizado como sinónimo de *ser original*, la relación entre la obra y el autor.

En la actualidad el valor otorgando a todo lo realizado por el artesano radica en la singularidad del objeto por la imposibilidad de ser reproducido en serie. Es el valor de la pieza única. Esta característica de la *lógica del artesano* entra en conflicto con el discurso de lo reproducido en cadena, lo manufacturado en procesos mecanizados. De fondo, subyacen nuevamente dos realidades, la de la mano y la de la máquina, con dos formas de mirar la misma realidad. Esta ambivalencia de realidades soportadas por la forma de producción

[80] SENNETT, R., *El artesano*. Op. cit.

no es algo nuevo. El sueño mecanicista, ya desde mediados del siglo XVII,[81] buscaba en la máquina la forma de producir que encerrara elementos tales como la velocidad y la perfección. Las invenciones mecánicas de finales del siglo XIX potenciarán este deseo materializado en la tecnología futurista del tren, las líneas trasatlánticas, el coche y, posteriormente, el avión. «La tradición de la artesanía está adquiriendo cada vez mayor valor y estima en la realidad actual del mundo tecnológico, de la producción mecánica y de la lamentable pérdida del tacto de la mano en nuestros productos y entornos fabricados en serie de modo mecánico. En las culturas tradicionales, todo el mundo vital es producto de las manos, y la esfera cotidiana del trabajo y de la vida significa una transmisión infinita de las destrezas manuales y de sus productos a otras personas; un mundo vital tradicional constituye un encuentro y una unión continuos de las manos de generaciones sucesivas».[82]

Los sistemas de producción en serie desde el *taylorismo* hasta el *fordismo*, eliminaron una parte fundamental en el proceso de trabajo, la reflexión del obrero. Con estos nuevos sistemas no había que pensar, no había que discernir sobre el objeto que se estuviera produciendo, entre otras cosas porque ellos eran ajenos a él. La mejora en estas cadenas de montaje consistía en la optimización del tiempo y de recursos para la empresa. No funcionaba mejor el que más conociese una u otra técnica sino, simplemente, el que por regla general más rápido la llevara a la práctica. Estas escenas fabriles quedaron muy bien plasmadas en la película *Tiempos Modernos*, en la que un trabajador norteamericano, encarnado en Charles Chaplin, sufre los tiempos que implican la adopción del fordismo y la disciplina alienante que este produce sobre la mano de obra. Fábrica, hospital y cárcel son las instituciones que aparecen tratando de encauzar al protagonista. Sin duda la película es una de las críticas más cómica y seria a la vez a estos nuevos sistemas de producción y, por ende, a los nuevos sistemas de desarrollo económico y social.

[81] BUNGE, M., *Crisis y reconstrucción de la filosofía*. Gedisa, Barcelona, 2002.

[82] PALLASMAA, Y., *La Mano que piensa*. Op. cit. p. 55.

Fotograma *Tiempos modernos*. Charles Chaplin.

Sorprende cómo Oscar Wilde, hace ya más de un siglo, marcaba
el estado de la cuestión de la dualidad mano-máquina: «Debemos
tener, como dijo Emerson, una destreza mecánica para nuestra cultura, base para el logro total del trabajo con nuestras manos; el desuso que la mayor parte de la gente hace de sus manos me parece una
de las cosas más faltas de sentido práctico. —No hay separación del
trabajo sin pérdida de poder o verdad hasta el mismo vidente—, dice
una vez más Emerson. El heroísmo que nos dejó impresionados de
Epaminondas ha de ser el mismo que el del conquistador doméstico.
El héroe del futuro será el que pueda con bravura y gracia, someter

a la Gorgona de la moda y la convención. Desde el momento en que habéis decidido cuál es vuestro papel en la vida, continuadlo hasta el final y no tratéis, tímidamente, de reconciliaros con el mundo. Lo heroico no puede ser común ni lo común heroico».[83]

LA MAQUETA, EL TACTO Y LA LUZ

Recuerdo cuando por primera vez hice una maqueta de arquitectura[84] en la asignatura de *Proyectos* con los profesores Lino Álvarez, Alberto Torres y Luis González. Recuerdo lo sorpresivo que encerraba el ejercicio de hacer un cubo y sobre él empezar a estudiar la luz abriendo aperturas. Llegaban a ser tantas que, en un determinado momento, había que buscar nuevamente la sombra haciendo un nuevo cubo, volviendo a empezar el proceso. De este ejercicio, ahora en la distancia, podría subrayar un sinfín de elementos, aunque destacaré solo tres:

- Construir un espacio: Tener la capacidad para construir un espacio generado por seis planos, un espacio básico, un espacio al que asomarse y sorprenderse por el efecto de la luz a través de las pequeñas aperturas.

- El ejercicio de discriminación formal del trabajo manual: La capacidad creadora de la mano supone un ejercicio implícito de simplificación de elementos no esenciales.

- La importancia de la luz por la sombra: La creación de un espacio cerrado (todo es oscuridad) e ir abriendo huecos que permitan el paso de la luz como el más puro acto de creación de un espacio arquitectónico.

La maqueta, como herramienta del arquitecto, es la perfecta unión entre la mano y la luz, entendiendo esta como un material más. La maqueta es el ejercicio artesanal por el que el arquitecto dimensiona

[83] WILDE, O, op. cit., p. 37.

Peter Zumthor trabajando con la maqueta.

el espacio proyectado gracias a la reacción de esta frente a la luz. Por ello, el arquitecto artesano verá en la luz un material especial y esencial, un material del que no podrá prescindir y con el que tendrá que trabajar en paralelo. Desde su experiencia, Alberto Campo dirá: «He contado alguna vez cómo un buen amigo mío, un sapientísimo ingeniero, me recriminaba el que hiciera hacer maquetas a mis alumnos. Y argumentaba que hoy día es mucho mejor trabajar con el ordenador que tan bien permite controlar las tres dimensiones. Mi argumento, incontestable, era que nunca había visto a ningún arquitecto poner su ordenador bajo el sol para ver qué sucedía. Una maqueta, además de la citada simultaneidad de las tres dimensiones en movimiento y de la relación con el cuerpo humano, permite que al poner bajo el sol el espacio allí representado, a escala, reaccione de manera veraz».[85]

La arquitectura basada en la *lógica del artesano* será la arquitectura esencial, la arquitectura que prescindirá de lo superfluo para centrarse en lo único que es propio al arquitecto: razón, materia y luz.

[84] Hago referencia al hecho concreto de maquetas dentro del proceso de aprendizaje y estudio de arquitectura en la Escuela Técnica Superior de Arquitectura de Sevilla.

Será la arquitectura que, partiendo del ejercicio manual que supone hacer una maqueta, estudiará los materiales que mejor representen la idea, estudiará los volúmenes bajo el sol, estudiará las sombras y concluirá el proyecto. La maqueta será parte fundamental en el proceso creativo del proyecto arquitectónico: «Decía Miguel Ángel que el dinero mejor empleado en un proyecto es el de la maqueta. La maqueta permite representar, de una forma comprensible [...] Constituye además un instrumento de estudio y de optimización. La maqueta se puede y debe hacer paso a paso, en el estudio de Arquitectura: modelo expedito en material de fácil manipulación, apropiado para una rápida modificación, destrucción y corrección».[86]

Se podría decir que la actividad del artesano es la primera actividad del hombre tras cruzar el umbral del abandono de las necesidades básicas. Para el artesano, esa primera arquitectura sería la cabaña. «Para Thoreau, para Emerson y para Hawthorne, la pequeña cabaña de los bosques equivalía a reducir a su esencia la gran tradición utópica de la primera morada».[87] Es, por tanto, la *actividad frontera*. La arquitectura debe haber tenido su origen simple en el esfuerzo primitivo de la humanidad por lograr una protección contra las inclemencias del tiempo, las bestias salvajes y los enemigos humanos.[88] Es la actividad que configurará las capacidades del hombre. «Cada vez más, el trabajo de quienes se dedican a esclarecer los orígenes humanos ofrece indicios muy claros de que, desde el principio, la mano homínida y su creciente repertorio de movimientos formaban parte de lo que estaba ocurriendo en la evolución del comportamiento, la cultura y el conocimiento. Sin embargo, lo que parece más probable es que el cerebro elevara la destreza de la mano a medida que la mano iba inscribiendo en el

[85] CAMPO BAEZA, A, *Poetica architectonica*. Op. cit., p. 51.

[86] SIZA, A., *Textos*. Adaba Editores, Madrid, 2014, p. 413.

[87] RYKWERT, J., *La casa de Adán en el Paraíso*. Gustavo Gili. Barcelona, 1999, p. 17.

[88] FLETCHER, B., *A history of Architecture, being a comparative view of the historical styles*. Londres, 1964, p. 22.

Utzon construyendo su proyecto
de Can Feliz.

cerebro sus incipientes complejidades sensoriales y motoras, y sus nuevas posibilidades».[89]

El ejercicio que en arquitectura tendrá la capacidad de generar una relación directa entre mano y materia será, por tanto, la maqueta. «La educación del tacto, tiene como finalidad hacer aprender al alumno el valor de lo háptico, de las texturas, de los materiales, de su luminosidad entendida como relación entre luz y textura. Dentro del apartado táctil cabría hablar de los materiales cuya superficie es un

[89] WILSON, F., *La mano. De cómo su uso configura el cerebro, el lenguaje y la cultura humana*. Matemas. Barcelona, 2002, p. 291.

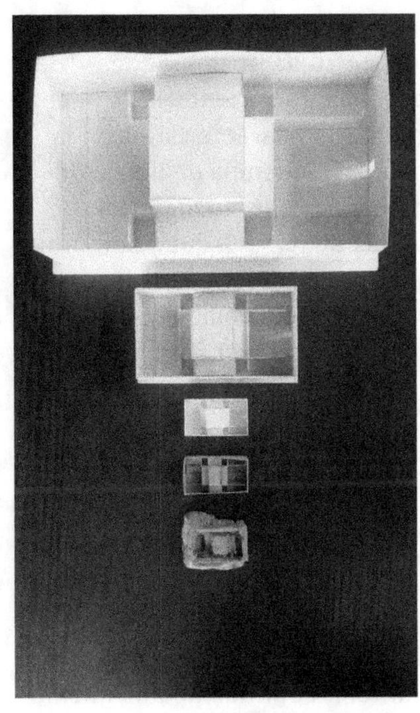

Maquetas realizados por el alumno
Javier Martínez sobre la Casa Guerrero
de Alberto Campo Baeza.

interior continuo que emerge y aquellos en los que la superficie es un acabado, ya sea pegado, lijado, barnizado, etc.».[90] A este respecto resulta muy iluminador la experiencia háptica de Utzon cuando con sus manos participa en la construcción de la casa. Recuerdo cuando vi esa imagen por primera vez: el maestro construyendo su casa. Ese fue un momento de especial confrontación personal.

Es muy interesante el debate abierto entre lo analógico y lo digital. La maqueta material frente la maqueta virtual. No cabe duda de que

[90] APARICIO, J. M., *Construir con la razón y los sentidos*. Nobuko, Buenos Aires, 2008, p. 11.

las capacidades de representación que ofrecen los nuevos *software* para diseño gráfico abren un amplio espectro de posibilidades. Todo ello será muy positivo para desarrollar ideas, representarlas y hacerlas inteligibles para no iniciados. Pero hay una característica en la que toda virtualidad queda en entredicho: la ausencia de una experiencia real con la materia y con el espacio. Un cuerpo material se podrá poner bajo el sol; experimentar los espacios de luz y sombra; observar y analizar el espacio real generado... En definitiva, la materia permite una experiencia directa de los espacios en luz y en sombra, del tacto, de la calidad de sus terminaciones, del detalle, etc.

Hace algunos años hice en clase con mis alumnos de primero de Arquitectura un trabajo sobre la relación directa entre la escala y la maqueta. Para ello había que hacer un mismo modelo en diferentes tamaños, sabiendo buscar para cada uno de ellos un material adecuado. Las escalas menores obligaban a desarrollar detalles en las maquetas, eligiendo los materiales que permitieran ensamblar perfectamente. En cambio, las maquetas en escalas mayores se desarrollaron casi en pequeñas tallas a partir de materiales masivos. Escala, material y maqueta eran, por tanto, incógnitas de una misma ecuación: el trabajo con las manos, el trabajo del artesano.

Este ejercicio no es un debate entre lo necesario y lo superfluo. La maqueta es un objeto de reflexión sobre el que se dan una serie de propiedades dialécticas, no dicotómicas. «El hombre no tiene empeño alguno por estar en el mundo. En lo que tiene empeño es en estar bien. Sólo esto le parece necesario y todo lo demás es necesidad sólo en la medida en que haga posible el bienestar. Por tanto para el hombre sólo es necesario lo objetivamente superfluo».[91] Con la maqueta o el prototipo, el artesano ve la luz porque detecta la sombra, modifica la delimitación de un vacío porque tiene la capacidad de detectar la materia. El objeto del artesano hará dialogar todos los elementos que convergen en él. Será el tiempo dedicado a la elaboración y la reflexión llevada en paralelo el mejor crisol dialéctico de todos los elementos. Este ejercicio pondrá en crisis los procedimientos fabriles,

[91] ORTEGA, J., *Meditación de la técnica y otros ensayos sobre ciencia y filosofía.* Op. cit., p. 34.

ya que cada pieza, cada corte en el material, cada plano será objeto de una reflexión. El resultado del trabajo del artesano no será lo necesario pero sí lo primero surgido de este ejercicio intelectual.

La inmediatez de la máquina desensibiliza al hombre. Todo proceso creativo y de creación tiene un tiempo. Como veremos más adelante, esta será una característica fundamental en la *lógica del artesano*: la negación de la inmediatez. La máquina o la virtualidad, quitando el tiempo en sus procesos, eliminan consigo los tiempos de reflexión y meditación paralelos. El objeto del artesano, gracias a la maduración llevada a cabo durante el ejercicio de creación, será una extensión del propio hombre que la crea. En arquitectura el proceso es paralelo. La participación de la mano en dibujos, bocetos, maquetas, prototipos, etc. conseguirá hacer del tiempo un momento de maduración del proyecto arquitectónico: todo tendrá un porqué. La dinámica de depuración llevada a cabo por la implicación de la mano será garante de un resultado reflexionado, pensado, proyectado.

ENTRE LA MÁQUINA DE LA MANO Y LA MANO DE LA MÁQUINA

Siempre he pensado que la repetición no encierra perfección del acto creativo. A quién no le ha pasado, cuando era estudiante, que al hacer una maqueta con muchos elementos iguales, al principio ponía todo el interés y, sin embargo los últimos acababan saliendo piezas completamente diferentes. Y es que, la repetición, el intento de mecanización de la mano en el proceso creativo, genera evidentes divergencias.

Cuando la mano cruza el Rubicón en busca de la máquina, en busca de la necesitada repetición, habrá eliminado cualquier acto creador posible del hombre. Recuerdo hace algunos años, en una visita a la Cartuja de Porta Coeli en Valencia, cómo un monje nos contaba que hacían allí, entre otras cosas, mermelada de naranja. Durante la explicación, insistía en que todo se hacía a mano y hacía incapié en la cantidad de tiempo que empleaban en ello: el llenado de los tarros, el pegado de la etiqueta, etc. Automáticamente, algunos de los allí presentes comentamos al monje que existían máquinas para hacer todo aquello, como si él no lo supiera. En ese momento, y casi en un intento de contención de la sonrisa, nos asombró con una frase: «Sí, pero entonces todos serían iguales». Esa sentencia sería largamente comentada después. Y es que, en todo el diálogo mantenido ese día, se denotaba cierto elogio de la imperfección, un elogio que pasaba por dotar a la imperfección del carácter de identidad que hacía que no hubiera dos cosas iguales. En ningún momento querían asemejar el trabajo manual a una máquina.

Todo ejercicio de repetición puede intentar asemejarse a una autómata. Esa *máquina de la mano* llevaría a una profunda frustración, ya que no conseguiría dos elementos iguales. Es, como dice Sennett, una resistencia natural pero, en el fondo, una resistencia. La *lógica del artesano*, busca la perfección asumiendo esa resistencia y desechando el intento de hacer de la mano una máquina imperfecta. Así, Rita Levi-Montalcini[92] hacía una apología a la imperfección cuando afirmaba que los científicos eran los más conscientes de lo imperfecto porque estaban continuamente buscando modificaciones y mejoras para cambiar las imperfecciones de la naturaleza.

Dice Alvar Aalto que «todo podría plasmarse en una frase: el arquitecto debería considerar cada vez más que le corresponde la tarea de humanizar la tecnología».[93] Vemos nuevamente lo que parece una dicotomía entre lo tecnológico frente al hombre: la máquina frente a la mano, la asepsia de la perfección frente al localismo de la imperfección. Ese ejercicio intermedio es el correspondiente al artesano. La repetición especializada ha llevado a lo largo de la historia a procesos alienantes, que han evidenciado cómo la repetición o el intento de hacer del hombre un engranaje más de una máquina han acercado a la sociedad a una pérdida de su propia razón de ser: primero el hombre como creador de la máquina, seguidamente el hombre como apoyo a la producción de la máquina y, en último lugar, el hombre dependiente de la máquina.

[92] *El País*. 18 de abril de 2009 [Consultado 19 de mayo de 2012].

[93] PALLASMAA, J, *Conversaciones con Alvar Aalto*. Gustavo Gili, Barcelona, 2010, p. 18.

El artesano no busca la ambivalencia dicotómica entre la mano y la máquina sino en términos de complementariedad. De ahí el deseo insatisfecho de un artesano en una continua búsqueda por perfeccionar el desarrollo de nuevas técnicas, nuevas formas de desarrollar sus obras. Igualmente ocurrirá en arquitectura tal como subraya Mies: «Ésta puede que sea la razón por la que alguna gente está convencida de que la arquitectura quedará anticuada y será reemplazada por la tecnología. Tal convicción no se fundamenta en ideas claras, sino todo lo contrario. Donde la tecnología alcanza su verdadero cumplimiento, va más allá de la arquitectura. Es cierto que la arquitectura depende de hechos, pero su verdadero campo de actividad se encuentra en el terreno de la trascendencia. Espero que entiendan que la arquitectura no tiene nada que ver con la invención de formas. No es un campo de juegos para niños, jóvenes o mayores. La arquitectura es el verdadero campo de batalla del espíritu. La arquitectura escribió la historia de las épocas y dio a éstas sus nombres. La arquitectura depende de su tiempo. Es la cristalización de su estructura interna, el lento despliegue de su forma. Ésta es la razón por la que la tecnología y la arquitectura están tan estrechamente relacionadas. Nuestra verdadera esperanza es que crezcan juntas, que algún día una sea la expresión de la otra. Sólo entonces tendremos una arquitectura digna de su nombre: una arquitectura como un símbolo verdadero de nuestro tiempo».[94]

¿Es por tanto la máquina una herramienta de oposición al artesano? Si hacemos análisis a lo largo de la historia puede parecer que la máquina comenzó siendo un apoyo al trabajo del artesano para acabar sustituyéndolo. Si entendemos el trabajo de este como el trabajo repetido y alienado podríamos asemejarlo. Es más, en la actualidad, con el desarrollo de la microelectrónica o la robótica aplicada podríamos hablar de una búsqueda intensa e incansable por la sustitución del hombre por la máquina. Este antiguo debate no tendría ninguna razón de ser en arquitectura. Es cierto que han sido numerosos los ensayos que han intentado hacer del ejercicio proyectual una suma de causalidades o una matriz de de datos de resultados babélicos: «El camino para lograr una arquitectura diversa

[94] PUENTE, M., *Conversaciones con Mies van der Rohe*. Gustavo Gili. Barcelona, 2006.

y humana pasa por entender la inspiración que existe detrás de cada expresión humana, por trabajar en base a nuestras manos, ojos, pies, estómago, en base a nuestros movimientos y no en razón a normas estáticas y reglas creadas estadísticamente».[95] Estos ejercicios de sistematización comienzan en un intento de hacer de la mano una máquina para acabar inversamente haciendo de la máquina una mano. Es decir, son ejercicios proyectuales en busca de una sofisticación de laboratorio. La sabiduría del artesano, será saber qué corresponde a la mano y qué a la máquina y abandonar los ya tan manidos ejercicios de ida y vuelta.

EL FLAUTISTA DE VAUCANSON Y EL TORNO DEL CONVENTO

No recuerdo cuando fue la primera vez que visité el torno de un convento. Sí recuerdo que cada vez que entraba en ese espacio en el que había un armarito desde el que hablaba una mujer me resultaba sorprendente e incluso misterioso. El ritual siempre era el mismo: llamar a un timbre, esperar un largo tiempo sin desesperarse, escuchar una campana, abrir la puerta, y tras el *Ave María Purísima* comenzar a hablar. El misterio que entrañaba ese acto era el de pensar que hablabas con algo y no con alguien. Quién me iba a decir a mí siendo niño que tras ese mueble de madera había una persona que, por opción vital, había decidido apartarse del mundo. Siempre iba con la seguridad de hablar a un mueble que tenía algo especial. Con el tiempo, y tras conocer de las formas de vida monásticas, he ido entendiendo el porqué de la necesidad de esa herramienta: el intento de buscar la asepsia de una máquina, una ventana virtual al mundo. ¡Qué paradoja! El ejemplo nítido de virtualidad entendido como una ventana que une dos realidades paralelas y diferentes en un monasterio de monjas.

[95] UTZON, J., *La esencia de la arquitectura*, 1948.

Las reglas monásticas, a lo largo de la historia y debido a su carácter configurador, han sido durante mucho tiempo el *software* que ha ido modelando personas dentro de la compleja trama del funcionamiento de un monasterio. Un funcionamiento llevado a la perfección y basado claramente en la *De Civitate Dei* de San Agustín. La contraposición de dos ciudades, la perfecta con valores espirituales, ordenada (perfectamente estructurada) y la imperfecta (o dejada llevar por apetencias fuera de toda lógica). «Las dos ciudades, en efecto, se encuentran mezcladas y confundidas en esta vida terrestre, hasta que las separe el juicio final. Exponer su nacimiento, su progreso y su final, es lo que voy a intentar hacer, con la ayuda del cielo y para gloria de la Ciudad de Dios, que hará vivo el resplandor de este contraste».[96] Y el punto que une ambas realidades, el torno de un convento. De ahí siempre ese intento de mostrar un diálogo (si se puede llamar como tal) aséptico, frío, pragmático y escueto. El hombre ocupando el rol de una máquina y tomando de ella los caracteres que le eran necesarios. Una interfaz de máquina o animal, pero detrás siempre el hombre.

Pues bien, en uno de estos monasterios perfectamente ordenados, entra con tan solo siete años un inquieto muchacho que, ajeno a las clases que exigía el monacato, dedicaba su tiempo libre a dibujar, construir y, sobre todo, pensar. Era Jacques de Vaucanson (1709-1782). Los estudios que desarrollaba con sus profesores, algunos de ellos brillantes matemáticos que posteriormente serán internacionalmente reconocidos, él los irá aplicando a la construcción de diferentes artefactos. Hasta que con apenas 18 años y con motivo de la visita de la curia general de la orden, construye una máquina para poner y limpiar las mesas. El intento de dotar a esta máquina con aspecto de hombre hará que sea visto como un engendro raro y será obligado a destruirla. Si en el torno conventual encontrábamos el ejemplo del hombre en busca de la máquina, aquí será la máquina buscando la lógica del hombre. De nada servirán las presiones contra Vaucanson sobre sus autómatas. Poco después, sorprenderá en 1738, con *el flautista* o quizá la que será su obra más paradigmática, *el pato*.

[96] SAN AGUSTÍN, *La ciudad de Dios*.

Grabado alusivo a las dos ciudades descritas en *De Civitate Dei*. San Agustín.

Este extremo muestra una interfaz de hombre, pero detrás siempre la máquina.

Ha habido un gran periodo de colaboración y cooperación entre hombre y máquina. Pero, como todas las historias de amor, llegó a su fin. Mientras a la máquina se le permitían las mismas atribuciones que al hombre (tocar la flauta, el tambor, etc.) todo iba de maravilla. Es cuando la máquina comienza a hacer cosas extraordinarias cuando comienzan a pasarse de relaciones de colaboración o admiración a relaciones de sospecha. Esto, que será explotado extraordinariamente por numerosas películas de perfil futurista, evidenciará una cosa: el hombre sospecha de la máquina.

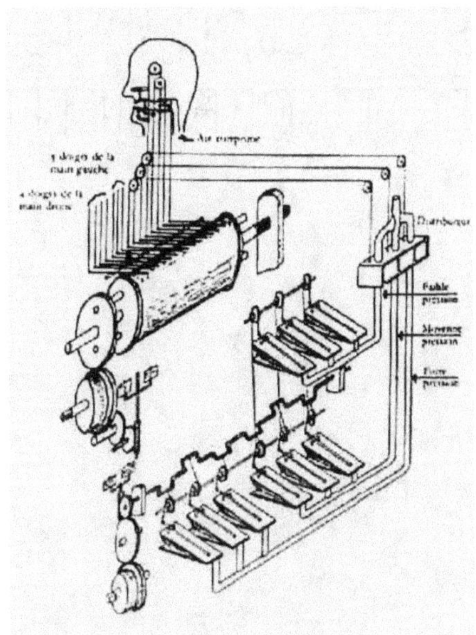

El pato de Vaucanson.   Esquema del flautista de Vaucanson.

El artesano encaja a la máquina dentro del engranaje de su lógica.
En ningún momento le permitirá que tome decisiones por él y le
será útil en tanto en cuanto pueda desarrollar su obra sin entrar
en contradicción. El artesano y su lógica siempre serán el punto
intermedio entre el exceso y la versatilidad incontrolada frente a la
parquedad inamovible de lo manual. Lógicamente, la figura del artesano encierra un mundo que confronta a la arquitectura contemporánea que estamos viendo. El exceso formal e incontrolado, la pérdida de discursos coherentes o el estar subyugado por la *poto finish*
evidencian la necesidad de mirar al artesano y saber qué buscamos
en nuestras arquitecturas, un flautista de Vaucanson o un torno en
un convento. Es el tiempo del artesano.

EL TALLER, LUGAR DE EXPERIMENTACIÓN

Zumthor subraya las dos aptitudes del arquitecto en su taller: el trabajo con las manos y la concentración. «Cuando tenía 18 años, mi período de aprendizaje como ebanista se acercaba a su fin y me puse a construir los primeros muebles diseñados por mí. Normalmente en el taller producíamos muebles cuya forma y construcción estaba determinada por el gusto del maestro o de los clientes y que a mí no me gustaban. Tampoco me gustaba la madera que empleábamos para las mejores piezas: nogal. Para mis muebles escogí la madera blanca de fresno, y trabajé cada pieza de manera que tuvieran un buen aspecto desde cualquier lado; estaban acabadas con idéntico cuidado y con el mismo material por delante y por detrás. Rehusé la costumbre que tenían los ebanistas de construir la parte trasera de los muebles de una forma más económica y con menos aplicación, pues, al fin y al cabo, esa parte no la ve nadie. Por fin podía redondear un poquito los cantos de mis muebles sin que nadie me corrigiera. Con suavidad y rapidez pasaba la garlopa sobre los cantos de las piezas de madera ya montadas con el fin de quitarles el filo cortante que pudiera estorbar y conservar la elegancia de la línea fina y precisa. Apenas tocaba con la garlopa los rincones donde convergían tres cantos de las piezas del mueble. Construía la puerta de los muebles pequeños en el marco frontal, sirviéndome minúsculas juntas, de manera que cerrase con toda precisión mediante un resorte de rozamiento y un sonido neumático ligeramente perceptible. Me sentía bien con aquel trabajo. Realizar formas precisas y sólidas encajaduras me colocaba en un estado de concentración, y los nuevos muebles ya acabados difundían un frescor especial a mi alrededor».[07]

Dice Sennett que el taller es el hogar del artesano. Posiblemente estas palabras las pronunciara en un sentido figurado, aunque la historia nos muestra cómo esta afirmación podía ser perfectamente literal: taller o casa donde se hace la vida, lugar pequeño. Hay un cuadro de Rembrandt en el Louvre que muestra perfectamente esta idea. La obra tiene un doble título: *La Sagrada Familia* o *Las herramientas del carpintero*. Lo cierto es que observar el cuadro desde un título u otro muestra dos realidades completamente diferentes, pero no

[07] ZUMTHOR, P., *Pensar la arquitectura*. Op. cit., p. 42.

La Sagrada Familia o Las herramientas del Carpintero de Rembrandt.

ajenas al entorno en el que Rembrandt ubica la escena. Por un lado,
si el cuadro relata un episodio de los Evangelios, resulta lógico
que en el contexto de la carpintería de San José, María amamante a
Jesús. Pero centrémonos en la otra posibilidad. La escena de géne-
ro en la que una mujer amamanta un niño en una carpintería rodeada de herramientas, mientras un hombre pensativo, mira la obra
que está haciendo. Esta escena muestra perfectamente el lugar de
trabajo de un artesano.

Según el DRAE las tres acepciones de taller hacen referencia a ese espacio pequeño: «Lugar en que se trabaja una obra de manos»; «Escuela o seminario de ciencias o de artes», «conjunto de colaboradores de un maestro». Con la primera, introducimos el valor de la acción manual frente a la máquina; con la segunda, el lugar de aprendizaje; y, con la tercera, el ámbito en el que se crea una relación maestro-discípulo. La confluencia de estos tres objetivos (trabajar manualmente, aprender y enseñar), será lo que denominemos como un lugar de experimentación.

El taller era el lugar contrario al templo o, mejor dicho, el opuesto al eremitorio. Esta concepción originaria del monacato mostraba al monje cómo para llevar una vida equilibrada debía compaginar la vida eremítica con la artesanal. De ahí surge la convivencia en la celda de un espacio reservado para la oración silenciosa y otro para el trabajo manual (que normalmente sería la carpintería). Este será también el origen de los exquisitos obradores de los monasterios femeninos. La ambivalencia era clara: estar apegado al cielo con la oración y a la tierra con el trabajo artesanal. En el monacato, el taller será visto como un lugar que obligará al monje a salir del ámbito de la oración personal sin llegar a dispersarle, al ser también un ámbito de reflexión.

Posteriormente las órdenes mendicantes, a partir del siglo XIII, harán una revisión de ese paradigma y no solamente fomentarán el trabajo manual sino que lo obligarán: «Y yo trabajaba con mis manos, y quiero trabajar; y quiero firmemente que todos los otros hermanos trabajen en trabajo que conviene al decoro».[98] Esta nueva visión del trabajo manual eliminará de los nuevos conventos (frente a los antiguos monasterios) los espacios reservados al trabajo manual, dado que saldrán a la calle a buscar su sustento en un ejercicio de inclusión social.

El taller podría considerarse el ámbito donde el artesano está físicamente, pero no mentalmente. Aunque, si no está aquí con la cabeza

[98] Testamento de San Francisco de Asís (Test. 20).

Capitel Santa María la Real de Nieva (Segovia).

¿dónde se encuentra? Dice Sweig que «la contestación es muy simple. Está en su obra. Mientras crea, no está en su mundo, en nuestro mundo, sino en el mundo de su obra, y por esto mismo es incapaz de observarse a sí mismo».[99]

Frente al individualismo relativista de la sociedad postmoderna contemporánea, centrada en el hedonismo propio de etapas pueriles, la *lógica del artesano* apostará por la madurez de un contexto

[99] SWEIG, S., op. cit., p. 20.

colaborativo. Frente al yo, se apostará por un *nosotros*. Frente a
la idea individual planteará el trabajo en equipo: «La diferencia es
básica; el individualismo, la atomización individualista implica, la
negación de los valores humanos colectivos y, como consecuencia
el olvido de las obligaciones que esos valores entrañan. Pura irres-
ponsabilidad, en definitiva».[100]

Para un arquitecto su taller es su estudio. Es su pustinia.[101] Es un
lugar de estudio, de lectura, de investigación, de trabajo personal y
colectivo, es el lugar más privado y personal. Allí tiene proyectos en
curso, proyectos futuros, proyectos que pudieron ser y fueron y otros
que durmieron la paz de los justos. Libros, maquetas, un trozo de un
material de una obra, vino, fotografías impresas o, simplemente, una
hoja de algo que le gustó y está allí simplemente porque aun no se ha
tirado. Un arquitecto se proyecta a sí mismo en su estudio. Parafra-
seando el refrán «dime con quién andas y te diré quién eres», podríamos decir «dime cómo es tu estudio y te diré qué arquitecto eres».

Entrar a un estudio es un ritual. El olor a libros, materiales, colas,
madera o simplemente café de la larga noche de trabajo. Siempre
he pensado que llevar a alguien al estudio es conferirle cierto grado
de confianza. En un estudio se trabaja, se celebra, se vive y se duer-
me. ¿Qué sería de un artesano sin su taller o de un arquitecto sin su
estudio? La obra de un arquitecto tiene una relación directa con este
espacio de trabajo. El arquitecto busca la luz en su estudio al igual
que la busca y la encuentra en su obra. Un arquitecto hace de su
estudio un lugar de reflexión paralelamente a lo que ocurrirá con su
obra. Un arquitecto se proyecta en su estudio lo mismo que lo hace
en su obra. El estudio de un arquitecto, por tanto, será una obra más,
un proyecto en continuo desarrollo: «Todo está relacionado con
nosotros mismos. El entorno nos influye mediante su dimensión, luz,

---

[100] VICENS, I., *Dicho y hecho*. Op. cit., 2012, p. 78.

[101] La palabra rusa *pustyn* designa a un tipo de pequeña habitación o reducido habi-
táculo escasamente amueblado destinado a la oración y al ayuno, buscando la míni-
ma dispersión posible.

sombra, color, etc. Nuestra condición es completamente dependiente del hecho de vivir en la ciudad o en el campo, de si nos encontramos en una habitación grande o pequeña».[102]

En el estudio (taller) de un arquitecto se dan diferentes encuentros:

- *Un encuentro personal consigo mismo:* lugar de reflexión. Es el lugar de estudio, de análisis de otros proyectos, de pensar diferentes soluciones y detalles constructivos, de investigar nuevos materiales pero, sobre todo, el lugar donde acontece la génesis de nuevos proyectos. Si hay musas, estas tienen que vivir en el estudio de un arquitecto. Será un lugar de silencio pero también de continuo diálogo, de trabajo pero también de reposo meditativo.

- *Encuentro con la alteridad:* lugar de transmisión y recepción. Se trabaja en equipo, se piensa en equipo, se proyecta en equipo. La reciprocidad del trabajo en el taller hace de este lugar un espacio de aprendizaje colaborativo. Es bueno que los arquitectos empecemos a colaborar en estudios desde edades tempranas, siendo estudiantes. Lo que se aprende en el taller (estudio) no se aprende en clase.

- *Encuentro con el papel en blanco:* lugar de proyección. Si cabe el encuentro más íntimo para un artesano es el que se produce con su obra. El silencio que envuelve los primeros golpes sobre la piedra para el escultor, los primeros cepillados que el ebanista da al bloque de madera o el momento en el que se plasman los primeros trazos en el blanco lienzo. Son encuentros personales. El papel en blanco para el arquitecto es el ejercicio fundante que continuamente le hará enfrentarse con su propia realidad: «Es en esta duda constante, y en el silencio táctil de los pensamientos que con líneas creadoras se construyen en nuestra mente y en nuestra mano, donde expresamos todo lo que tenemos de más profundo para decir al mundo y a la Arquitectura a través de un proyecto».[103]

[102] UTZON, J., *La esencia de la arquitectura.*

[103] DURAO, P., "El lenguaje del silencio –y el acto creador–", en: CAMPO BAEZA, A., *La estructura de la estructura.* Nobuko, Buenos Aíres, 2010, p. 27.

Para un arquitecto su estudio es su guarida. Es el ámbito donde se desarrolla su realidad más personal, es el taller del artesano. Desvelar (romper el velo) para entrar en el *sancta sanctorum* de las ideas, trabajo, biblioteca... es el acto más generoso que un arquitecto puede hacer. Ahí radica la importancia de la escala de un estudio. Existe un límite en el que el taller de un artesano deja de serlo para ser una fábrica. Esa delgada línea es transgredida cuando el artesano pasa de hacer con sus propias manos a controlar la producción. Así, el taller del artesano será al estudio del arquitecto lo que una fábrica es a una gigantesca oficina de arquitectura. La producción de los *star system* ha ido perdiendo el control de su propia obra, ha dejado de hacer con sus propias manos. Al respecto, dice Ortega: «El artesano tiene que aprender en largo aprendizaje –es época de maestros y aprendices- técnicas que ya están elaboradas y vienen de una insondable tradición. El artesano va inspirado por la norma de encajarse en esa tradición como tal: está abierto al pasado y no abierto a posibles novedades. Sigue el uso constituido. Se producen, sin embargo, modificaciones, mejoras, en virtud de un desplazamiento continuo y por lo mismo imperceptible; modificaciones, mejoras, que se presentan con el carácter no de innovaciones sustantivas, sino, más bien, como variaciones de estilo en las destrezas. Estos estilos de tal o cual maestro se transmiten en forma de escuelas; por tanto, con el carácter formal de tradición».[104]

EL TALLER DE VERROCCHIO Y EL *STUDIORUM* DE SAN JERÓNIMO

Se podría decir que el principal centro de arte de la Florencia del siglo XV se encontraba en el taller de Andrea di Michele di Francesco di Cioni, conocido por Andrea del Verrocchio por haber trabajado como orfebre en el taller de Giuliano Verrocchi. Su taller no era el de

---

[104] ORTEGA, J., *Meditación de la técnica y otros ensayos sobre ciencia y filosofía*. Op. cit., p. 81.

un pintor al uso, puesto que él tampoco lo era. Trabajó como escultor, orfebre, pintor e incluso arquitecto. Su taller sería reflejo de un complejo entramado de disciplinas. Allí se darán cita desde Leonardo da Vinci y Perugino hasta Domenico Ghirlandaio, Benedetto di Maiano, Sansovino, o Botticelli. Sin duda alguna el taller era un lugar de aprendizaje de eso que hoy día llamamos, como un nuevo descubrimiento, la interdisciplinariedad. En el taller del Verrocchio tuvieron cabida desde las invenciones utópica de Leonardo hasta la *Madonna* de Botticelli. Había una característica fundamental para hacer de este lugar un espacio tan significativo: ser una escuela de aprendizaje. Si al Verrocchio se le considera un gran maestro posiblemente no sea por su prolija obra realizada sino por sus dotes para generar conocimiento e inquietud. Así, si intuía las capacidades de un arquitecto en un aprendiz de pintor para él será pintor y arquitecto. «El buen maestro imparte una explicación satisfactoria; el gran maestro produce inquietud, transmite intranquilidad, invita a pensar».[105] Analizaremos más adelante el ejercicio de transmisión del conocimiento dentro de la lógica del taller del artesano.

El proyecto de arquitectura es un ejercicio reflexivo que, cual artesano, necesita de la razón como la principal herramienta. Si esto se da en un entorno multiplicador de estas aptitudes, un ejercicio que en origen es reflejar el conocimiento en un proyecto, se acabará convirtiendo en una herramienta de aprendizaje. Un proyecto de arquitectura es, por tanto, una oportunidad de volcar la razón recibiendo nuevas enseñanzas. Habrá que tener pleno conocimiento de la disciplina arquitectónica para poder hablar de interdisciplinariedad. De lo contrario no haremos más que discursos eclécticos carentes de una lógica argumental propia. La buena arquitectura (la única que puede denominarse como tal) será el resultado de proyectos que se desarrollen en *el taller del verrocchio*, un lugar de conocimiento, de estudio, de duro trabajo... Así se llegará a las buenas ideas, ideas de síntesis y contención.

Hay una obra, siguiendo con el Verrocchio, que personalmente creo que sintetiza a la perfección el resultado del trabajo de síntesis desa-

105 SENNETT, R., *El artesano*. Op. cit, p. 17.

Oleo San Jerónimo de Verrocchio.

Escultura San Jerónimo
de Verrocchio.

rrollado en el taller, el cuadro de *San Jerónimo* expuesto en el Palacio Pitti de Florencia. Este santo, de gran importancia para el cristianismo por haber traducido la Biblia, ha sido representado en numerosas obras, pero siempre desde dos iconografías: una, sentado en su estudio traduciendo la Biblia; otra, como penitente mirando la calavera o la cruz. La obra del Verrocchio diferirá de todas ellas. Pintará simplemente un busto, pero un busto que tendrá la capacidad para transmitir tanto la penitencia de un modelo iconográfico como el estado de concentración e inspiración divina de una de las jornadas de trabajo en su estudio mientras traducía los textos sagrados. Este ejercicio de síntesis le llevará previamente a hacer una escultura (maqueta) que, si bien no pretendía ser el objeto último del encargo, recogerá perfectamente el espíritu de la magistral obra.

La contención formal lleva encerradas infinitas emociones, deseos, sensaciones y experiencias que nunca serán reveladas al observador dado que tendrá que experimentarlas personalmente. Observar a *San Jerónimo* de Andrea del Verrocchio nos permitirá extraer esas emociones individualizadas. Igualmente, hay arquitecturas que guardan esos ecos emocionales y los van dosificando cuidadosamente cuando el hombre se permite el lujo de observar. Arquitecturas contenidas que, huyendo de la exuberancia formal optan por el cuidado de los detalles en las experiencias personales. Verrocchio podía haber pintado a San Jerónimo sentado en su estudio renacentista y siempre lo hubiéramos visto así, sentado. En cambio, su maestría plástica ha hecho que lo podamos ver sentado estudiando, arrodillado orando o volando extasiado.

La crisis del pensamiento a la que asistimos está indudablemente afincándose en la arquitectura. Hay gran desconocimiento de nuestra disciplina. Políticas, modas y firmas no hacen más que confundir a un usuario que cada vez se encuentra más distante de nuestros discursos y preocupaciones. Esta creciente separación tiene su origen aquí, en la formación del arquitecto, en el taller, en el estudio y, lógicamente, en la escuela. La arquitectura empieza en el estudio, en el primer borrador, el primer esbozo en papel al que el arquitecto dedica un pensamiento. Desde ahí comenzará un diálogo en el que el primer protagonista será la persona. Sacar al hombre del discurso arquitectónico durante el desarrollo del proyecto será eliminar la proyección social a la que todos los arquitectos estamos obligados a rendir cuentas.

Un arquitecto será capaz de transformar la sociedad o de transmitir a ésta los valores propios de la buena arquitectura si ya en el estudio es capaz de hacerlo. Ser arquitecto es una forma de vida y el hecho arquitectónico será una transferencia de conocimiento vital entre maestro y discípulo, no entendido como una arquitectura de autor sino como la del *maestro anónimo* del que habla Linazasoro.[106] El valor del conocimiento arquitectónico no puede quedar relegado, por tanto, al estudio; de ser así caerá en la esterilidad de un grupo de iniciados que no harán más que desarrollar discursos endogámicos e infecundos. Ahí radica el nudo gordiano de la disciplina, en el aprendizaje y en la capacidad de transmisión de los conocimientos. Un aprendizaje basado en imágenes traerá única y exclusivamente la búsqueda de la imagen. Un aprendizaje desde experiencias personales, arquitecturas palpadas, espacios asumidos y meditados, caminos recorridos y textos reflexionados, generarán otra arquitectura, la de un artesano.

TRADUCCIÓN, TRADICIÓN Y TRAICIÓN

«Están en juego tanto cuestiones enraizadas en la circunstancia histórica como interrogantes perennes. El eje del tiempo cruza y vuelve a cruzar. ¿Qué significa transmitir? ¿De quién a quién es legítima esa transmisión? Las relaciones entre traditio, 'lo que se ha entregado' y lo que los griegos denominan paradidomena, 'lo que se está entregando ahora' no son nunca transparentes. Tal vez no sea accidental que la semántica de 'traición' y 'traducción' no esté enteramente ausente de la 'tradición'. A su vez, estas vibraciones de sentido y de intención actúan poderosamente en el concepto, siempre desafiante él mismo, de translación».[107] Hablar de estas tres palabras es hacer

[106] LINAZASORO, J. I., *La memoria del orden*. Abada, 2013.

[107] STEINER, G., *Lecciones de los maestros*. Siruela. Madrid, 2004, p. 12.

referencia a una sola: la transmisión o el aprendizaje. Esta, en arquitectura podrá ser entendida desde dos posicionamientos diferentes: la transmisión como traducción (actualización) o la transmisión como traición (ruptura).

- *La transmisión como actualización*. Requiere de una característica fundamental y que en arquitectura durante mucho tiempo ha pasado desapercibida: la investigación. Un arquitecto tiene que investigar, conocer las fuentes, materiales y documentales sobre las que basa su proyecto y su posicionamiento frente a la realidad. Este conocimiento de las fuentes será esencial para poder actualizarlas, traerlas a la contemporaneidad con nuevos proyectos. Una arquitectura sin investigación es una arquitectura vacía, todo es escaparate. La arquitectura fruto de la investigación representará un contexto concreto, un modelo, un lugar en el tiempo del cual será transmisora: «Quisiera intentar mostrar que la arquitectura de la época moderna ha salido de sus vacilaciones, que posee la técnica sana y poderosa capaz de sostener una estética, ya formulada, por otra parte, por prescripciones profundas; técnica absolutamente nueva, pura y homogénea; estética que es la conclusión de una época totalmente renovada y que, tras muchos avatares y caminos opuestos, ha logrado alcanzar, en lo más hondo de nosotros mismos, las bases esenciales de nuestra sensibilidad, las bases puramente humanas de la emoción. Y tal vez será entonces cuando tomemos conciencia de que esta nueva arquitectura, así condicionada, es susceptible de grandeza y de añadir un nuevo eslabón en la línea de las tradiciones que se hunde en el pasado».[108]

La técnica del artesano es un ejercicio continuo de búsqueda de la perfección del procedimiento de construcción. Experimentar es parte de la propia investigación que hace el arquitecto. Busca la aplicación de nuevos materiales, busca nuevos sistemas constructivos que le permitan abaratar algunas partes del proyecto,

---

[108] LE CORBUSIER, *El espíritu nuevo en arquitectura*. Colección de arquitectura n. 7, Colegio Oficial de Aparejadores y Arquitectos Técnicos de la región de Murcia, Murcia, 2003, p. 9.

busca nuevas formas de encontrar la belleza, busca nuevos espacios, nuevos detalles... En definitiva, busca. Un arquitecto nunca terminará de estar buscando. Y durante ese proceso de búsqueda irá desarrollando la investigación que le es propia. La pasividad que encierra el pensar que uno lo sabe todo es el caso inequívoco de que hemos dejado de ser arquitectos, personas inquietas en el intento por mejorar la sociedad que nos ha tocado vivir. Recuerdo cuando Miguel Fisac visitó la Escuela de Arquitectura de Sevilla con motivo de un ciclo de conferencias titulado *Aprendiendo de los mayores*. Era 2003 y el arquitecto contaba ya con noventa años. Entre las muchas preguntas que le hicieron, hubo una que nos sorprendió: «Maestro, ¿en qué está usted trabajando ahora?» Y, para asombro de todo el teatro, contestó: «Sigo investigando sobre una tipología de vivienda social. Mi intención es seguir sirviendo al hombre y a la sociedad para que sea feliz».

La transmisión y actualización de conocimientos vendrán de la mano de la técnica. El artesano en el taller conocerá el ritual de elaboración, no solamente de cómo se hace hoy, sino también de cómo se hacía antiguamente: «Resulta muy importante también reconocer las supervivencias en esas arquitecturas, probablemente decisivas para analizar sus planteamientos proyectuales en profundidad».[109] Lo mismo que él enseña ahora a jóvenes aprendices, él fue enseñado. Estas transmisiones de conocimiento en el tiempo y actualización del mismo son la base de la técnica: «Sin la técnica el hombre no existiría ni habría existido nunca».[110] La técnica obliga a conocer materiales, herramientas, procedimientos de elaboración, tiempos óptimos para una cosa u otra... La técnica será la base que todo artesano podrá desarrollar gracias al conocimiento. En el caso de la arquitectura el paralelismo de este proceso es mimético y queda resumido en tres palabras: investigar (tiempo), aprehender (conocimiento) e intervenir (proyecto).

[109] LINAZASORO, I., *Escrito en el tiempo. Pensar la arquitectura.* Universidad de Palermo. Buenos Aires, 2003, p. 33.

[110] ORTEGA, J., *Meditación sobre la técnica*, op. cit., p. 38.

- *La transmisión como ruptura.* Hay cierto atrevimiento en arquitectura que tiende a hacer pensar que todo es posible. Cuando estudiantes llegan con proyectos ajenos a cualquier lógica llevan de la mano la afirmación de que *todo se puede construir.* No solamente no se puede construir todo, sino que, además, el intento de hacerlo denota cierto desconocimiento. La otra opción frente a la transmisión recibida es ignorarla, algunas veces como una opción y otras por propio desconocimiento. El discurso de negación frente al conocimiento heredado entra dentro de un discurso de ruptura con cualquier lógica: la negación de la gravedad, la negación de la física del material, la negación de las fuentes o la negación, incluso, de la opción por el hombre. La arquitectura que pone como única finalidad ella misma pierde cualquier razón de ser y acaba en la su propia negación.

Como ya hemos dicho, el taller del artesano es el lugar de la transmisión del conocimiento como actualización de una herencia de técnicas recibida. Es el lugar de confluencia de ideas, técnicas e investigaciones. Lejos de la asepsia y la esterilidad del trabajo en un laboratorio, el taller del artesano será el lugar de trabajo con las manos, materiales, maquetas, dibujos, libros... Hay algunos lienzos, sobre todo de realistas e impresionistas franceses, que representan muy bien la escena de un taller, aunque en este caso de un artista. *El taller del pintor* de Courbet al igual que *El taller del artista* de Bazille, muestran las escenas de un estudio en el que no solamente estará el pintor frente al lienzo, confluirán estudiosos criticando la obra, músicos, modelos, etc. En ellos se dan cita maestros y discípulos, conocimiento y crítica, tradición e innovación, herencia e investigación: «El papel del maestro será recorrer el camino con el discípulo, manteniéndole fuera del abismo de lo absurdo, pero sin ahorrarle ningún tropiezo. En este método de conocimiento el peso de la dedicación recae sobre el alumno, que es quien deberá llevar en todo momento la iniciativa. [...] El contacto intelectual del discípulo con el maestro siempre ha sido una de las más fructíferas vías en la docencia. Esta relación debe formarse dentro de la pedagogía del Proyecto de Arquitectura. Existe una doble aproximación entre el alumno y el maestro; una primera aproximación, es la que hace el alumno sobre

Oleo "El taller del pintor" de Courbet.

maestros de la historia y un segundo acercamiento el que se puede realizar con maestros coetáneos».[111] Así será el taller, un lugar de transmisión y actualización de conocimiento.

MATERIA E IMAGEN

La historia de la imagen del David de Miguel Ángel nos muestra, de forma clara, la importancia del material en cualquier obra. Esta perfecta escultura salió de un bloque de mármol estropeado que no quería nadie. Las limitaciones de su material obligaron al artista a superarse y creó su gran obra maestra. ¿Cómo lo hizo? Conociendo

[111] APARICIO, J. M. *Construir con la razón y los sentidos*. Op. cit. p. 21.

a la perfección el bloque de mármol y conociendo a la perfección las técnicas para trabajarlo.

Cuando uno va a la Galería de la Academia de Florencia y se encuentra con semejante mole de mármol blanco, jamás pudiera pensar la historia que encierra. Miguel Ángel había oído hablar de una gran pieza de mármol de casi cinco metros de alto que llevaba años abandonada en un patio. Cuando fue al ayuntamiento a preguntar por ella se le dijo que el gobernador-alcalde se la había prometido a un escultor llamado Sansovino. Otro oficial corrigió al primero diciendo que él tenía entendido que era para Leonardo da Vinci pero, en cualquier caso, lo mejor sería olvidarlo porque no valía para nada.[112]

Miguel Ángel conocía la historia y, allá en Roma, mientras esculpía *La Piedad*, se preguntaba si el bloque de verdad estaba tan mal y si él no podía esculpir una figura a pesar del agujero que Agostino di Duccio le había hecho con la intención de sacar otra imagen de él. Que una docena de otros escultores no hubiesen sido capaces de hacerlo no le importó nada.

La piedra se encontraba en el Departamento de Obras de la catedral de Florencia. Pasó mucho tiempo ante semejante obelisco, midiéndolo y dibujándolo hasta ubicar sus imperfecciones, de manera que nadie podía ya conocer el bloque de piedra mejor que él. Tras eso, rápidamente, hizo un boceto de cera de un David, que había sido lo que Duccio había intentado anteriormente. Tras tener la certeza de lo que podría salir de allí fue a pedir a las autoridades el vasto bloque de mármol, que le fue concedido como un resto inservible dado que ya más no se podría estropear. De ese bloque inservible saldría el David que aun hoy sigue asombrando por las proporciones y la tensión que recoge el momento justo antes de lanzar la piedra a Goliat.

Vasari dirá de esta obra que cualquier persona que la haya visto, ya no necesitará jamás volver a ver ninguna obra. Ya lo habrá visto todo.

---

[112] VASARI, G., *Las vidas de los más excelentes arquitectos, pintores y escultores italianos desde Cimabue a nuestros tiempos*. Cátedra, Madrid, 2001.

Estudio de Leonardo Da Vinci sobre el David
de Miguel Ángel. Royal Library. Windsor.

Será el conocimiento del material y el conocimiento a la perfección
del proyecto que va a realizar lo que le dé a Miguel Ángel la seguridad para poder comenzar una empresa como esta. El conocimiento
del proyecto será una parte fundante en la experiencia del arquitecto artesano, saber lo que hace. Y esto que parecería ilógico tener
que decirlo no lo es. ¡Cuántos arquitectos hay que no conocen sus
proyectos! No nos sorprenden las oficinas (que no estudios) que
producen a un ritmo fordista construcciones que nunca llegarán a

ser arquitecturas. El arquitecto que parte de la lógica de un artesano conoce hasta el último detalle su obra y sabe cuántas puede ejecutar. Posiblemente, esta sea una de las causas por las que en muchos ámbitos los arquitectos seamos para la sociedad un mal necesario.

Y si importante es el conocimiento del proyecto, no menos lo será conocer el material, la obra: «Para que el arquitecto pueda trabajar de manera autónoma con sus medios debe experimentar, practicar como hace el músico con sus escalas, practicar con masas, con ritmos creados por la agrupación de masas, combinaciones de colores, luz y sombra, etc. Deben percibirlos intensamente y desarrollar y poner en práctica sus cualidades. Esto conlleva a un compromiso con los materiales: se debe entender la estructura de la madera, el peso y la dureza de la piedra, el carácter del cristal: el arquitecto debe fundirse con los materiales y modificarlos y utilizarlos en armonía con su esencia».[113]

Confundir la materia con la imagen es algo bastante usual en la contemporaneidad. Todo se reduce a la imagen. El crítico literario Jean Starobinski empieza su ensayo *Poppaea's Veil* con la frase: «Lo que está oculto fascina».[114] El título se refiere a un fragmento del ensayo de Montaigne *La dificultad aumenta el deseo*, en el que el filósofo examina la complicada relación entre Popea, la amante de Nerón, y sus admiradores: «¿Por qué a Popea se le ocurrió esconder su belleza bajo un velo, si no para ser más codiciada por sus amantes?». Algo así ocurre con las arquitecturas que se están estudiando en esta investigación. La arquitectura *des-velada*, sin velo, sin cubrir, muestra claramente la arquitectura de la imagen, de la fotografía, la que todo ha dicho en un golpe de vista, la arquitectura seducida por una caligrafía llamativa o incluso expresiva, sin contenido en la redacción. «La tecnología de la elaboración de las ideas con los rápidos *cad y corels* y su millonaria gama de colorines, producida de forma vertiginosa en los 90, ha permitido la proliferación de *mensajeros del corel*,

[113] UTZON, J., *La esencia de la arquitectura*.

[114] STAROBINSKI, Jean, *Poppea's Veil*, 1961, p. 9.

Sabina Poppaea. 1570. Museo de historia del arte de Ginebra (Suiza).

haciendo de esta función una cuestión más importante que la del mensaje (ya lo aplicó Mac Luhan para la aldea global)».[115]

En este sentido, Elisa Valero mantendrá que «después de décadas de una agresiva cultura de la imagen en la que la arquitectura se identificaba con el consumo de fotogénicos objetos icónicos, a modo

[115] GONZÁLEZ, Antonio, "Los corelianos" en: *NEUTRA*, Colegio Oficial de Arquitectos de Sevilla, nº08, Sevilla, 2002, pp. 46-48.

de esculturas a gran escala, se hace preciso un cambio hacia una nueva cultura de la invisibilidad que prime la referencia a lo otro, la relación, el *esse ad aliud*[116] de Zubiri».[117] Se entiende, de este modo, la arquitectura como escenario de vida y no como protagonista, «por lo que se produce la sutil retirada de la presencia física de la arquitectura a un segundo plano».[118]

Por otro lado, la arquitectura que se oculta y pliega humildemente buscando dar respuesta a su génesis, dar cobijo al hombre, seduce cual Popea. La arquitectura del artesano será la arquitectura velada y contenida que, huyendo del escaparate formal de la apariencia, se ocultará y replegará mostrándose a quien la recorre y la observa detenidamente. «La arquitectura actual tiene demasiada teoría y demasiado espectáculo. A mí me apasiona la arquitectura y me basta con las atmósferas, los vacíos, la experiencia física y táctil de un edificio para no tener que meter nada más. Metiendo tantas cosas estamos perdiéndola... Si perdemos la belleza de la arquitectura, nos quedaremos sólo con imágenes. Y una imagen no es un edificio».[119]

El antiguo filósofo taoísta Lao Tse señalaba que la verdadera belleza de una habitación residía en el espacio vacío delimitado por el techo y las paredes, en lugar de depender del techo y las paredes en sí. La idea se desprendía de un ideal estético que aspiraba al vacío, en el que la verdadera belleza no podía aparecer en el mundo material si este no se despojaba de casi todo. Completar el cuadro era tarea de la mente, de la imaginación de quien ponía un pie entre esas paredes.[120] La filosofía de Lao Tse, que tomó gran importancia en Japón a

---

[116] Concepto tomista que hace referencia a la alteridad, al ser diferente.

[117] VALERO, E., "Arquitectura o el arte de la cotidianidad", en: *Proyecto + Investigación 2*, A Coruña, 2012.

[118] Ib.

[119] ZABALBEASCOA, A., Entrevista a Peter Zumptor. El arquitecto asceta. *El País*, Madrid, 2009. [publicado 03-05-2009].

[120] LAO-TSE, *Tao te Ching*. Editorial Martinez Roca, Madrid, 1999.

El valor de la sombra en la obra de Van der Laan.

través del budismo zen, se materializa en la casa japonesa que evita la decoración en beneficio de la desnudez y la contención. Tanizaki señala: «Los occidentales se asombran de la sencillez de las habitaciones japonesas, no viendo en ellas más que paredes cenicientas desprovistas de adornos. La reacción es comprensible pero revela la incapacidad de comprender el misterio de las sombras [...] Un cofre, una bandeja de mesa baja, un anaquel de laca decorado con oro molido, pueden parecer llamativos, chillones, incluso vulgares, pero hagamos el siguiente experimento: dejemos el espacio que los rodea en una completa oscuridad, luego sustituyamos la luz eléctrica por una única lámpara de aceite o una vela y veremos inmediatamente que esos llamativos objetos cobran profundidad, sobriedad y densidad... e incitan al hombre a la ensoñación».[121]

En Tanizaki nos encontramos con la eventualidad de un mundo habitado, de un espacio lleno de resonancias que da paso a una de las posibilidades que nos ofrece el pensamiento japonés: la aceptación de las condiciones de la propia existencia. Hacia el final del libro, el escritor señala a propósito de la diferencia entre occidente (devoto de la luz) y oriente (devoto de la sombra): «Mirándolo bien, como los orientales intentamos adaptarnos a los límites que nos son impuestos, siempre nos hemos conformado con nuestra condición presente; no experimentamos, por lo tanto, ninguna repulsión hacia lo oscuro; nos resignamos a ello como algo inevitable: que la luz es pobre, ¡pues que lo sea!, es más nos hundimos con deleite en las tinieblas y encontramos ahí una particular belleza».[122]

En la actualidad el estudio de la sombra en el proyecto de arquitectura ha cobrado importancia, quizá por ese intento de dar lugar a los elementos materiales que componen el ejercicio de proyectar, entendido este como el «juego sabio, correcto y magnífico de los volúmenes bajo la luz».[123] Decir que hay una relación dicotómica entre luz y sombra sería como decirlo de la noche y el día. Será una relación de existencia de la una por la otra. No así ocurrirá con la materia y la imagen. Ir dejando que la imagen vaya ocupando los principales ámbitos de la arquitectura será ir relegando los discursos a la superficialidad de la apariencia. Posiblemente, el hecho de la actual importancia de la imagen en la arquitectura explique de forma nítida el momento en el que nos encontramos. Y es que, la Arquitectura ha servido siempre al hombre para entender su propia existencia: «La arquitectura actual

[121] TANIZAKI, J., op. cit, p. 27.

[122] Ib., pág. 112.

[123] LE CORBUSIER, *Hacia una arquitectura*, op. cit, p. 20.

se ha centrado en la vista cuando, en realidad, el sentido existencial solo es visual cuando nos miramos en un espejo».[124]

La búsqueda incansable por la imagen ha sido el resultado de un afán por encontrar al Narciso que la sociedad demandaba y la arquitectura se lo ha dado. Este renunciar a sus principios será lo que la historia no perdone. Se ha conseguido muy buena caligrafía pero para escribir horóscopos. Preferible sería una peor letra y seguir escribiendo un Quijote.

[124] *ABC*, 21 de mayo de 2012 [Consultado 25 agosto de 2014].

EL MUSEO, LUGAR DE REFLEXIÓN

(Conferencia pronunciada en el foro *Territorios*)

El primer *museo*, o templo de las Musas, fue fundado en Alejandría
por Tolomeo I, allá por el siglo III a. C. Estaba dedicado al estudio de
la astronomía y la geografía y era presidido por dos musas: Cleo, la
musa de la historia y Urania, la de la astronomía. Tras este museo,
nacido con una vocación investigadora, llegarían otros muchos que
acabarían convirtiendo la institución en un lugar de acumulación de
objetos importantes obtenidos por los saqueos, donde eran clasi-
ficados y catalogados. Los museos no serán espacios accesibles
al público hasta bien entrado el siglo XVIII. Así, el Louvre abrirá en
1793, tras la nacionalización de los tesoros de la monarquía. En ese
momento, el museo adquirirá el carácter de imagen nacional y de
orgullo patrio que reforzará la identidad del pueblo, una identidad
fundamentada en el enfrentamiento con otras naciones. En este sentido, es significativo cuando en 1798 entra en París el botín de Italia,
donde, entre otros tesoros iba el carro de bronce de la Catedral de
San Marcos de Venecia. En aquel carro se había colocado una bandera con la inscripción «Ahora están en tierra libre».[125] Ese carácter
relativo de libertad subrayado en la bandera servirá para poner en
evidencia el poder de convocatoria que tiene la identidad del pueblo.
Dado que todas estas piezas no fueron destruidas y sí expuestas en
el museo, la atracción por las musas desapareció para los locales
que veían en esos objetos simples obras, mientras que el sentimiento de pérdida permanecería a lo largo de la historia.

Hay muchas instituciones, entidades y organismos que con el paso
del tiempo han ido dibujando el mapa del cambio social de una forma
muy evidente pero, sin duda alguna, la que más lo ha evidenciado
ha sido el museo. El perfil tradicional, local y mutable de esta institución se ha visto desbordado por una serie de nuevos modelos
denominados también museos que han incidido en la sociedad de
forma clara y directa. Este impacto es recogido por muchos filósofos
y pensadores del arte, como García Canclini, que manifestará de
forma clara que hace falta en la contemporaneidad nuevas formas y
fórmulas para poder entender esto que durante tanto tiempo se han
llamado museos.

[125] SHINER, L., *La invención del arte. Una historia cultural*, Paidós. Barcelona, 2004.

Presenciamos una época en la que el discurso de la *lógica del artesa-no* entra en confrontación no lo conceptual, sino algo que es mucho más importante, la reformulación de los debates. Ya quizá no se piensa si el público ha de ser culto o popular, o si el contenido ha de ser nacional o global. Todo ello queda desdibujado con el panorama de los nuevos medios de comunicación que plantean otras formas de acercarse a la sociedad.

La importancia del mercado y del nuevo modelo económico será también un mapa de estudio necesario si queremos comprender la deriva de la institución museográfica. Es normal que se hable del impacto en la sociedad en cualquier actividad, por pequeña que sea. Ya no se diseña en función de las necesidades, se hace en función del impacto que esta pueda garantizar: «Se requieren de nuevas figuras: las cámaras televisivas el día de la inauguración, relacio-nes fluidas con la prensa, ser tomado como referencia por medios internacionales y que los patrocinadores vean en esa resonancia atractivos para mantener su apoyo».[126] Aquí radica el paradigma del cambio, los patrocinadores, las fundaciones, las inversiones, en definitiva, el mercado. Si antes los museos eran el sinónimo del ideal patrio, el escenario para que los Estados teatralizaran, en el que se recogían las hazañas y logros históricos por antepasados naciona-les, el museo contemporáneo ha entrado en un proceso de deslo-calización paralelo al de los mercados con dos nuevos actores: los empresarios y los arquitectos.

Si hay una tipología arquitectónica susceptible de ser objeto del milagro de la arquitectura, esa es la de los museos.[127] Así, un proce-so de transformación de una ciudad y su entorno, como es el caso del Guggenheim en Bilbao o el Centro Pompidou en París, ha sido posible gracias a dar a la arquitectura el valor de una operación de marketing. Cuando el mundo de la empresa y el mercado han entrado

---

[126] GARCÍA, N., "¿Los arquitectos y el espectáculo les hacen mal a los museos?", en: *El museo en escena: política y cultura en América Latina.* Paidós. Buenos Aíres, 2010.

[127] MOIX, LI. *La arquitectura milagrosa. Hazañas de los arquitectos estrella en la España del Guggenheim.* Anagrama. Madrid, 2010.

Atrio. Guggenheim de Bilbao. Frank Gehry.

en contacto con la arquitectura y el arte de la mano de las fundaciones, han gestado un nuevo fin para la actividad cultural: el rendimiento económico.

Subraya Baudrillard que, en efecto, hoy el arte está realizado en todas partes. Está en los museos, está en las galerías, pero está también en la banalidad de los objetos cotidianos; está en las paredes, está en la calle, como es bien sabido; está en la vulgaridad hoy sacralizada y estetizada de todas las cosas, aun los detritos, desde luego, sobre todo los detritos. Lo importante ya no serán en sí las piezas contenidas sino la lectura dada a cada uno de los elementos.

Esto genera un espacio ambiguo, nada preciso: «La estetización del mundo es total. Así como tenemos que vérnoslas con una operacionalización burocrática de lo social, con una operacionalización técnica de lo biológico, de lo genético, de lo sexual, con una operacionalización mediática y publicitaria de lo político, tenemos que vérnoslas también con una operacionalización semiótica del arte. Es lo que llamamos "cultura", entendida como la oficialización y la sacralización de todas las cosas en términos de signos y de la circulación de signos. En efecto, es lo que podríamos denominar una economía política del signo. La gente se queja de la comercialización del arte, de la mercantilización de los valores estéticos, de que el arte sea un mercado, y con toda razón, pero en mi opinión no es eso lo esencial y además es un asunto muy viejo. Mucho más que a la comercialización del arte hay que temerle a la estetización general de la mercancía. Mucho más que a la especulación, hay que temerle a la transcripción de todas las cosas en términos culturales, estéticos, en signos museográficos. Nuestra cultura dominante es eso: la inmensa empresa de museografía de la realidad, la inmensa empresa del almacenamiento estético que muy pronto se verá multiplicado por los medios técnicos de la información actual con la simulación y la reproducción estética de todas las formas que nos rodean y que muy pronto pasarán a ser realidad virtual».[128]

Se hace necesario un nuevo diálogo entre todas las disciplinas sociales que, dedicándose al estudio de la museografía, tienden a mirar también a nuevas cosmovisiones de la sociedad. Los nuevos términos acuñados como *empresa cultural* o *puesta en valor* son síntomas de la inserción del modelo económico en el cultural. Sin ser uno mejor que otro, ni entrando en cuestiones de valoración, sí se ha de subrayar que el desarrollo del modelo cultural y el peso específico de este en el discurso urbano actual se deben a este maridaje entre el mundo de las artes y de la economía. Quizá el resumen de este proceso acelerado en los últimos años lo tiene García Canclini en un texto titulado *Museo para la globalización* en el que, de forma

---

[128] BAUDRILLARD, J., *La simulación del arte*. En *La ilusión y la desilusión estéticas*. Monte Ávila Editores. Caracas, 2005.

irónica y muy atrevida, subraya la necesidad de un museo para este
modelo económico que pronto empezará a irse: «¿No son incompatibles la globalización y los museos? La globalización es un movimiento de flujos y redes más que de entidades visibles, coleccionables
y susceptibles de ser exhibidas. No hay acuerdo acerca de cuándo
comenzó, ni cómo se relaciona con las culturas nacionales y locales.
En cambio, los museos de antropología, arte e historia reúnen colecciones de objetos distinguibles por su relación con un territorio o un
período bien definido. Un museo es, en cierto modo, una máquina de
clasificar objetos para diferenciarlos de otros. Hay museos nacionales, de ciudades, de arte moderno o medieval. Cuesta, por eso,
imaginar cómo sería un museo de la globalización, saber qué debería
incluir y qué podría dejar afuera».[129]

UN ARTESANO SIN REFERENCIAS

«La innovación no opera con las cosas mismas, sino con las jerarquías culturales y los valores. La innovación no consiste en que comparezca algo que estaba escondido, sino en transmutar el valor de
algo visto y conocido desde siempre [...] La economía consiste en el
tráfico con valores dentro de una determinada jerarquía de valores.
Ese tráfico es una exigencia de todos los que quieran formar parte de
la vida social. Y la cultura es una parte de ella».[130] Las organizaciones
empresariales necesitan responder, cada vez con más velocidad, a
un mayor grado de exigencia de la ciudadanía, a nuevas necesidades
sociales o a viejas necesidades plasmadas en demandas diferentes
y en marcos distintos. Buscan una transformación de sus productos
y servicios en experiencias memorables. Es una tendencia cada vez
más establecida de la necesidad de sentir y experimentar frente a
poseer y acumular que está generando una importante revolución
en la manera que hasta ahora hemos tenido de entender muchas

[129] GARCÍA, N., *Museo para la globalización*. Editorial Gedisa. Barcelona, 2007.

[130] GROYS, B., *Sobre lo Nuevo. Ensayo de una economía cultural*. Pre-textos. Madrid, 2005.

Shopping Mall Santa Mónica.

Shopping Mall.

de nuestras relaciones económicas, sociales o culturales. Se ha despertado cierta búsqueda del valor de lo auténtico al proceso de *intangibilización* progresiva de la economía, al tratamiento interno, y de mercado, de la diversidad cultural... También para ello las artes se convierten en aliadas de los sectores empresariales.

Según Bernard Stiegler, director de desarrollo del Centro Pompidou y autor de la serie *La Técnica y el Tiempo*, se requiere hoy en el ámbito industrial una mayor integración de lo que llama *el valor espíritu*. Para este filósofo francés, en este principio del siglo XXI los objetos comunicadores persiguen los tiempos de cerebro disponibles a lo largo de todo el día. Estamos ante un tipo de capitalismo que se aprovecha de todas las evoluciones tecnológicas para hacer del espíritu un simple órgano de reflejo.

Los nuevos museos se equiparan ya a los *shopping-mall*, cascarones que separan un exterior de otro exterior matizado. Con este anglicismo denominamos a un tipo concreto de centros comerciales. Todos tenemos alguno en la retina, dado que últimamente son construcciones frecuentes en las grandes periferias de las ciudades. Estas tipologías se multiplican, se diversifican, se complejizan y, con ese espíritu, ganan terreno en las ciudades y modifican los hábitos de consumo de los ciudadanos. El concepto de centro comercial del arte o de la historia responde a la lógica de consumo propia de los años 80 y 90, en sintonía con la reproducción de los *malls* en Estados Unidos, resultado de combinar las actividades de ocio y de compra en espacios cerrados. Su evolución ha sido exponencial. Así, encontraremos esta tipología expositiva-comercial extendida ya por toda la geografía mundial, aunque será en Estados Unidos donde puede trazarse claramente una línea de evolución. Los podríamos clasificar en:

- *Shopping center reciclados:* los primeros complejos tuvieron una localización sobre áreas centrales y estaban basados en el reciclaje de edificios industriales decimonónicos desafectados y, sobre todo, vinculados con museos de arte contemporáneo;

- *Shopping periféricos ex-novo:* sin interrupción del anterior proceso, se inició una etapa de construcción de nuevos edificios, con un lenguaje altamente atractivo, de gran tamaño y situados sobre áreas periféricas. Suelen ir acompañados de grandes operaciones de transformación urbanística, como la operación del Guggenheim de Bilbao.

- *Shopping periféricos reciclados:* finalmente, a mediados de los años 90 se sumó una nueva instancia, la de los *shoppings* barriales o de vecindad, usualmente construidos como resultado de operaciones de reciclaje, pero en una escala reducida en relación con los anteriores.[131]

Todos ellos tienen una estructura común, un trozo de ciudad *cosificado*, vaciado de su contenido original y colmatado con el uso expositivo-comercial, en el que responden al patrón de mercado más que al propio de museo. Supondrán la frontera entre un espacio donde todo puede ocurrir y un espacio en el que nada que no haya sido programado ocurrirá. Estos nuevos museos dejan de ser ese *lugar de las musas* en el que se dejaba inspirar el pintor. Aquí, las musas dejan de ser inspiración de nada, ya que si puedes pagarlas, en estos museos las musas también se venden. Estas son algunas de sus características generales:

- son un invento que se separa definitivamente de la temporalidad y la intemperie.

- se anticipan a todas las necesidades de sus visitantes: no existe ni el frío ni el calor; no hay montaje aleatorio de sonidos mecánicos y naturales; no hay conflicto de estilos (el *shopping-mall* destruye los estilos incluso cuando pretende conservarlos).

- no existen las diferencias nacionales.

- se separan de la naturaleza de manera completamente nueva y radical.

- en el *shopping-mall* respiramos aire reciclado; las luces son siempre artificiales y jamás se mezclan con la luz atmosférica; los sonidos del exterior, por decisión arquitectónica, no deben

---

[131] TELLA, G., *Los shoppings evolucionados como neocentros urbanos.* Neo. Buenos Aíres, 2009.

traspasar las paredes fortificadas del recinto; la ausencia de ventanas niega toda comunicación con el exterior.

- de manera infantil, y con voluntad de producir un efecto de escenografía *ecológica*, los patios del *shopping-mall* no pueden prescindir de sus árboles, los mismos árboles en todo el planeta, indiferentes al desierto que rodea al *shopping-mall* o a la ciudad decimonónica en la que este se ha incrustado.

- necesitan, para cumplir adecuadamente sus fines, expulsar cualquier recuerdo del mundo exterior y convertirse en un espacio abstracto y universal.

INTERDISCIPLINARIEDAD, INTERCULTURALIDAD E INTERRELACIÓN

Canclini, citando a James Clifford, argumenta la necesidad de una interacción de las disciplinas a partir de una visita que hace a un museo donde observa las relaciones que entre todas ellas se estaban dando. Es evidente que las nuevas demandas sociales pasan por la complejidad que la propia sociedad genera. Así, tomando el discurso de Edgar Morín sobre la complejidad social en su tan difundido libro *El Método*, subrayamos el discurso de la complementariedad en las disciplinas. El Pompidou descubrió un nuevo tipo de audiencia más cercana de la industria del turismo y de la revitalización de las economías urbanas y, sin lugar a dudas, puede considerarse el referente más inmediato para el museo postmoderno, como así lo constató Jean Baudrillard cuando vio en la musealización del Pompidou una de las maneras de ocultar lo real en manos de la simulación.

La globalización acelera los movimientos interdisciplinares de sociedades como *emigrados* y, sobre todo, como turistas culturales. Tal como subraya Canclini, «con estos movimientos se está llegando a un momento en el que se anulan las diferencias». Y es así como conceptos de lugar (lo nacional y lo local) e incluso conceptos de historia y memoria, (los cuales eran tradicionalmente representados, es decir, momificados), se están convirtiendo en temas de debate y de rigurosa actualidad por las pérdidas que estos discursos están sufriendo. La globalización de las economías ha afectado también a los museos del mundo entero. Por ejemplo, cada día (y ello lo podemos corroborar gracias a un vasto examen llevado a cabo por la UNESCO que explora las relaciones entre cultura, turismo y desarrollo) está más claro que la industria del turismo, en concreto el turismo cultural, y la de los museos están en intima conexión.

Está claro que la presión competitiva planea sobre las grandes instituciones de forma paralela a como lo hacen las mismas ciudades. Ahí cobra un papel especial el modelo de arquitecto estrella que busca dejar la firma en su obra como un punto de atracción. Siguiendo con el afán expansionista del Guggenheim, el renovado MoMA de Nueva York y la Tate Modern de Londres no se han quedado a la zaga, si bien han utilizado unos métodos muy distintos a los de sus competidores. Como afirma Andrea Fraser, el MoMA y la Tate han seguido un proceso expansionista parecido pero invertido, que consiste en la siguiente fórmula: expansión local y asociaciones globales, formando una *Star Alliance* trasatlántica con al menos media docena de ramas entre ellas (nos referimos al acuerdo al que llegaron en 2000 el MoMA y la Tate para una empresa de internet para expandir la audiencia no solo en lo que respecta al arte moderno, sino también al diseño y al hecho cultural en general).

Los localismos en la nueva concepción de los museos están perdiendo todo su peso. Tal es el así que ya no se musealiza con la diferencia o con lo identitario, sino con discursos y el comercio generado en torno a estos. Un ejemplo más de la inserción del mercado en la cultura es el diseño de los programas culturales y de equipamientos de estos nuevos edificios que aún se llaman museos. Canclini lo dice muy bien, *una estetización uniforme.*[132] Detrás de este proceso de uniculturalidad hay una visión unitaria de lo local y lo global. Es lo

---

[132] GARCÍA CANCLINI, N., op. cit.

Moma. Nueva York.

que autores como R. Maté denominan lo 'glocal', conceptos genéricos para explicar lo concreto.[133]

No cabe duda de que las apropiaciones son movimientos del poder y que el origen de la institución museológica también ha sido este. Nada más lejos de la realidad pensar que al producirse este proceso de homogeneización estemos asistiendo a un reparto equitativo del mismo. Todo lo contrario. Dado que los nuevos movimientos económicos se caracterizan por el turismo y el comercio transnacional, se hace necesario un proceso de homogeneización que, partiendo de caracteres identificativos de la tranquilidad occidental,

[133] MATÉ, R., *A contraluz de las ideas políticamente correctas*. Anthropos. Madrid, 2005.

permita explicar lo diferente y desdibuje los límites entre lo etnográfico y el arte.

Es evidente que el peso específico de los discursos museísticos va a ir paralelo al peso específico que cada país tenga en el mercado global, con lo que la centralidad y la periferia serán caracteres importantes a la hora de definir la estrategia museográfica. Ahora más que nunca, tras un proceso de globalización y devastación de la cultura de lo local, tras un proceso de industrialización incluso de los discursos e insertos en una crisis económica y de rumbos tal como dice Baudrillard, se necesita un nuevo discurso que nos plantee un acercamiento a la historia, a la herencia sin mercantilizarla, un discurso que opte por la sencillez en todos sus aspectos. De no ser así estaremos adentrándonos en un proceso de vaciamiento de la memoria sin vuelta atrás. El panorama de la cultura en los museos en Europa sigue mostrando la imagen endogámica de las *glorias pasadas* y, en cambio, en Latinoamérica aún no ha mostrado su cara de renovación. Ni el rediseño de exhibiciones, ni una sabia oferta interactiva, ni el atractivo de una etnografía visual son en la contemporaneidad ejemplos de praxis en la cultura de América Latina. Pero recordemos que estos cambios vendrán de la mano de la sociedad.

Cabría ahora hacerse la pregunta con la que García Canclini titula uno de sus artículos: *¿Los arquitectos y el espectáculo les hacen mal a los museos?* Es evidente que la respuesta no es un sí o un no. Los arquitectos, al igual que los artistas, economistas, sociólogos, expertos en gestión empresarial o marketing, han participado de este proceso de transformación del arte como producto comercial. Como hemos ido viento, sí es cierto que los arquitectos han aportado al proceso la imagen y el soporte. Como dice Baudrillard,[134] Jean Nouvel no hace un Centro Pompidou desde la nada, lo hace apoyado por un momento socio-cultural que demanda una unión entre la cultura y el mercado, entre el discurso patrimonial y el discurso económico. Ahí radica parte de la importancia y de la necesidad de tener bien asentado un soporte documental y científico que demande lo necesario y evidencie lo superfluo.

---

[134] BAUDRILLARD, J., *La simulación del arte*. En *La ilusión y la desilusión estéticas*. Op. cit.

Tiendas centro Pompidou.

El diálogo con la cultura, el análisis del justo límite entre el papel del mercado y la cultura, o lo que es aún más importante, un discurso desde lo esencial, serían procesos clave para un mejor papel de los arquitectos en los museos. Claro está que pensar que se den estos procesos es una ingenuidad utópica, por lo que, resignadamente, no nos quedará más remedio que apelar al sentido común. Mientras observemos títulos de artículos que relacionen el mundo de la cultura, la arquitectura y el patrimonio con el mercado y con la cultura del espectáculo estaremos, sin duda, trazando un camino equivocado.

EL MUSEO Y EL ARTESANO

El museo a lo largo de la historia ha sido el lugar de reflexión y referencia para el artesano. En este lugar el artesano se sentirá proyectado y confrontado por lo que en otros tiempos se hacía. En el
concepto de museo contemporáneo el artesano quedará excluido
y relegado, dado que no encontrará su proyección. Aquí hará una
reflexión sobre la evolución de su propia disciplina, sobre el avance
del tiempo, y cómo perdura la esencia. El museo es el mejor lugar
para observar. El artesano sentirá la admiración por la belleza y será
incentivado a perfeccionar su técnica para seguir *buscando deno-
dadamente la belleza*. Comparo el museo para un artesano como el
viaje a Roma para un arquitecto. El anonadamiento, la admiración y
el sentido del peso de la historia serán fundamentales para que el
artesano asuma la responsabilidad que cae sobre sus hombros de
ser un nuevo eslabón más en la cadena del legado de un patrimonio
material e inmaterial, de un conocimiento que será reflejado en el
museo. La pérdida de referencias en el nuevo concepto de museo
supondrá una pérdida paulatina de memoria, de vinculaciones con
sus ancestros que le hagan sentir parte de una estructura mayor.
El nuevo museo, al entrar dentro de las lógicas de un mercado que
puede comprar y vender todo, eliminará de raíz la experiencia profunda del sentido de pertenencia, del orgullo gremial, del sentirse
imbricado dentro de una lógica sencilla del trabajo serio y riguroso.
En el fondo, la estructura de un museo encerraba una apología a la
verdad, a lo auténtico, a lo irrepetible. En el concepto contemporáneo de espacios musealizados esos conceptos han ido diluyéndose
e incluso desapareciendo. La búsqueda de la verdad o de lo auténtico ha ido desplazándose a la lógica de lo aparente. «La búsqueda
de la verdad no es fácil. Ya que no existe verdad en los extremos. La
verdad discurre entre dos orillas, delgados hilos de agua o caudal de
una corriente de río... Y cada día diferente».[135] La búsqueda de la verdad ha salido de esos recintos y ha sido sustituida por largos discursos. Pero todo es mucho más sencillo, el hombre busca la vedad al

[135] LE CORBUSIER, *Mise au point*. Adaba editores. Madrid, 2014, p. 12.

Entrega de la Regla a San Francisco. Giotto.
Basílica Superior Asís.

igual que busca la belleza. «La belleza es el esplendor de la verdad»,
como sentenciaba Platón en *El Banquete*.

El arquitecto se enfrenta, como el artesano, con la verdad, de ahí
parte la sugestión que ambos reciben cuando van a un museo. Mientras el pintor puede abstraerse y mostrar una ficción, o el escultor
puede modificar las leyes de la naturaleza con juegos visuales, el
arquitecto siempre tendrá que ser fiel a la verdad, a generar espacios. Para un artesano esa fidelidad a la lógica de la verdad será una
prioridad vital y en el museo encontrará su proyección.

El arquitecto, cual artesano, buscará y encontrará referencias. La primera vez que tuve la oportunidad de ver la serie de la vida de San Francisco, pintada por Giotto en la Basílica Superior de Asís, me enfrenté a una gran contradicción. Encontré una serie de arquitecturas fingidas en cada una de las escenas, arquitecturas que pese a ser pintadas intentaban ser fieles con la lógica arquitectónica, con las limitaciones de la gravedad, con los sistemas constructivos pero que, en cambio, transgredían la realidad cambiando colores, inventando especies animales y vegetales... Me sorprendió ver la fidelidad a la lógica de la arquitectura al mismo tiempo que se subvertía cualquier otra lógica.

El arquitecto, como el artesano, tiene límites y, a diferencia de pintores y escultores, está unido a ellos y siempre le acompañan. Tenerlos presentes será causa de su devenir en la verdad. El intento de transgresión de ellos (gravedad, luz, materia, etc.) le hará perder las referencias de lo que le es innato: «la meditada creación de espacios».[136]

APOLOGÍA A LA SENCILLEZ

Durante una conferencia de Alvar Aalto le preguntaron al reconocido arquitecto finlandés por el origen de su Villa Mairea desde un punto de vista conceptual y formal, a lo que él contestó: «He intentado evitar un ritmo arquitectónico artificial».

¿Qué puede significar eso? Creo que hoy lo tenemos más claro que nunca. Viendo en lo artificial todo ritmo lineal, son muchos los ejemplos de este proceso de *engorde*, de masificación, de complejidad... Redes sociales, realidad aumentada, ciudades red o cibertopografías son algunos de los conceptos/realidades más usados en el campo del urbanismo y del espacio público. Es cierto que la sociedad tiende a volverse compleja exponencialmente y que, por ende, la arquitectura —y el urbanismo como reflejo de esta— también lo

[136] KAHN, L. I. *Idea e imagen*. Xarait ediciones. Madrid, 1981, p. 65.

Villa Mairea. Alvar Aalto.

hace, pero habrá que buscar alternativas, sobre todo en el actual contexto económico y social.

Cuando E. Morín, en su *Ciencia de la Complejidad*[137] parte de un concepto de complejidad desde lo colectivo, lo social, acierta al decir que esta es la que marca los ritmos y las necesidades. Sin entrar en reduccionismos, quizá estemos avanzando en términos de complejidad e imagen mientras la sociedad nos demanda simplificación y honestidad en los discursos.

La imagen está siendo el paradigma en la concepción de la mayor parte de la arquitectura contemporánea, imagen que subyuga todo el proyecto y, lo que es peor, toda la sociedad que allí se dé cita. La arquitectura de la imagen se ha sabido proyectar para una sociedad que se ha preocupado exclusivamente de eso y ha denostado cualquier alteridad que pasara por el discurso y la razón. Las revistas,

[137] MORIN, E., *Pensar la complejidad*. Universidad de Valencia. Valencia, 2010.

que tanto han ido aportando a lo largo de la historia de la arquitectura, están abriendo sus páginas a propuestas desarrolladas desde operaciones de imagen y marketing. Esto es lo que obliga a retocar, rediseñar, redibujar la obra terminada para que tenga cierto parecido con la imagen proyectada. Siempre cuestión de imagen. «Cuando los teólogos medievales comentaban el salmo "el hombre anda en la imagen", era en general para elaborar el tema de la *regio dissimilitudinis*, la 'región de la desemejanza', donde el hombre era imaginado caminando buscando a su dios, como en un desierto».[138] La opción por lo sencillo pasa por quitar la imagen como el paradigma de lo perfecto.

El sesgo hedonista de la arquitectura contemporánea se agrava cuando esta pierde cualquier vínculo social para aliarse unilateralmente con un resultado imaginado, que posteriormente es justificado desde discursos ajenos a cualquier realidad. Ante la necesidad de una sencillez de discursos y conceptos de vida sobran voceros de la complejidad que busquen la razón de sus discursos en retóricas pixeladas y sin fondo: «La arquitectura actual tiene demasiada teoría y demasiado espectáculo. A mí me apasiona la arquitectura y me basta con las atmósferas, los vacíos, la experiencia física y táctil de un edificio para no tener que meter nada más. Metiendo tantas cosas estamos perdiéndola... Si perdemos la belleza de la arquitectura, nos quedamos solo con imágenes. Y la imagen no es arquitectura».[139]

Ahora, cuando el discurso de lo social está tan presente entre pregoneros de un apocalipsis, habría que plantearse qué hay de fondo en todos esos proyectos admirados, aplaudidos o retuiteados que no sea más que una imagen plana. Como dice J. Pallasmaa, corremos el riesgo de convertirnos en voyeurs obsesionados con la visualidad, ciegos no solo ante la realidad social de la arquitectura, sino también ante sus realidades funcionales, económicas y tecnológicas, precisamente aquellas que determinan de modo ineludible el diseño de edificios y ciudades. Exijamos, demandemos y reivin-

---

[138] DIDI-HUBERMAN, G., *El hombre que andaba en el color*. Adaba Editores. Madrid, 2014, p. 30.

[139] ZABALBEASCOA, A., *El arquitecto asceta*. Op. cit.

diquemos que el diseño arquitectónico, no menos que la escritura
y la crítica, asuman la necesidad de la responsabilidad cívica que la
sociedad le ha conferido, ahora más que nunca. «En una sociedad
dedicada a la manipulación masiva de la mente humana, la realidad y
el sueño son ya intercambiables. Tal como asumió Eco, la hiperreali-
dad que hemos creado con sus falsificaciones del tiempo y de la historia, se convertirá en un nuevo estándar de realidad. En consecuencia la mente creativa tiene que reconquistar el mundo real, auténtico,
y la tarea creativa del artista experimentará una extraña inversión:
de ampliar el reino de la imaginación y las distintas posibilidades
que tienen las personas de ser humanas, pasa a definir y confirmar
nuestra posición en la realidad».[140] Volver a la sencillez será volver a
la sociedad.

CON UNA CUERDA ATADA AL PIE

Así decía Coderch en su texto *No son genios lo que necesitamos*
ahora cómo tenían que ir los arquitectos, con una cuerda atada al
pie que no les permita ir lejos para que así puedan pensar arquitecturas en el lugar en el que tienen sus raíces. Y es que resulta cuanto
menos curioso que una disciplina tan arraigada a las tradiciones
constructivas de los lugares y a los materiales —condicionados
estos por el clima, la luz, la tierra de cada lugar—, busque la estan-
darización global. Perseguir una arquitectura con una cuerda atada
al pie supone hace un ejercicio de apología por lo local, por los
materiales que la historia sabiamente ha sabido desarrollar y perfeccionar a lo largo del tiempo, y por técnicas que de ser empleadas en
otra latitud no funcionarían. Es la sabiduría del artesano, la sabiduría
de trabajar perfeccionando continuamente la técnica heredada desde
un lugar concreto. «Al dinero, al éxito, al exceso de propiedad o de
ganancias, a la ligereza, la prisa, la falta de vida espiritual o de conciencia hay que enfrentar la dedicación, el oficio, la buena voluntad,

[140] PALLASMAA, J., *Una arquitectura de la humildad*. Op. cit. p. 60.

el tiempo, el pan de cada día y, sobre todo, el amor, que es aceptación y entrega, no posesión y dominio. A esto hay que aferrarse».[141]

La dualidad opuesta que muestra Coderch no es más que la separación entre Arquitectura y vida. Una va indispensablemente unida a la otra. Eso es ir con la cuerda atada al pie, saber que el proyecto arquitectónico es parte de proyecto vital personal en el que el arquitecto se siente reflejado. Sería bueno que cada cierto tiempo el arquitecto parase su ejercicio para dedicarse a pensar qué ha hecho y a quién ha servido. El complejo ejercicio de reflexión que supone la arquitectura, requiere también de estar continuamente recordándose el norte.

El arquitecto artesano tiene claro que su misión es la de hacer un espacio para las actividades diarias de la sociedad, para cada uno de los actos de la vida cotidiana del hombre. Recuerdo, de pequeño, una carpintería en mi pueblo, en la que cuando llovía y los hombres no iban al campo, se reunían allí de tertulia mientras el carpintero seguía a lo suyo. Solía frecuentar esta carpintería buscando restos de tablas, recortes de maderas con los que luego jugar. También recuerdo lo sorpresivo del lugar. Allí uno se podría encontrar desde una puerta vieja para ser arreglada a una lámpara o hasta el más extraño de los muebles. Y es que la carpintería respondía al día a día de los vecinos, a las necesidades más cotidianas del hombre. «La arquitectura es una pasión y el arquitecto responderá de forma pasional a las demandas sociales», repetía insistentemente Sáenz de Oíza. No puede pasar desapercibido y hará de lo cotidiano lo más sublime.

Vincularse tan estrechamente al lugar que le ha visto nacer y crecer lleva también implícita cierta dosis de humildad, quizá por eso de *no ser profeta en su tierra*. Esto, que forma parte de ese estar atado al pie, eliminará cualquier retórica posible y discurso hiperbólico, garantizando la sencillez y simplicidad demandada por la sociedad.

Solamente de esta vinculación del hombre con la tierra saldrá la forma de habitarla. Podremos seguir divagando sobre lo divino y lo humano del un software o de una matriz de datos extraordinariamente exhaustiva, pero sin la sabiduría propia de la tierra estaremos imponiendo

[141] CODERCH, J. A., *No son genios lo que necesitamos*. 1960.

Muralla San Miguel Alto. Antonio Jiménez Torrecillas. Foto del autor.

Muralla San Miguel Alto. Antonio Jiménez Torrecillas. Detalle. Foto del autor.

un artefacto no reconocido. «Fruto del amor del hombre con la Tierra, nace la casa, esa tierra ordenada en la que el hombre se guarece, cuando la tierra tiembla —cuando pintan bastos— para seguir amándola».[142]

Estar atado a la tierra supone contar con lo que hay, optimizar recursos, escuchar el porqué de los modos constructivos de antaño, detectar las demandas y pensar. En este proceso entraremos en la ambivalencia que subraya Holderling «El hombre es un dios cuando sueña y un mendigo cuando reflexiona» y tendremos que buscar el punto intermedio: reflexionar para hacer buena arquitectura y después soñar.

[142] Frase de Camilo José Cela y repetida por Sáenz de Oíza en numerosos de sus escritos y entrevistas.

LA SABIDURÍA DEL LUGAR

La arquitectura siempre está contextualizada, siempre está dentro
de un contexto. El olvido de esta premisa, que podría parecer una
perogrullada, es el responsable de muchas de las construcciones
que hoy sufren las ciudades, construcciones que están muy lejos de
ser arquitectura, construcciones pensadas como objetos ajenos a
cualquier referencia del lugar en el que se insertan, no por un hecho
de negación del entorno sino por omisión de esta realidad. Este ejercicio caprichoso de formas, alardes estructurales y diseños fotogénicos ha ido generando una contracultura de búsquedas de espacios
naturales, abanderando cierta defensa del entorno. En este sentido,
habrá autores que piensen que solo un discurso y una arquitectura
que opte por valores capaces de trascender la confrontación del
actual debate teórico-estilístico serán los que permitan pasar página
de la actual crisis de modernidad.[143]

Lejos de cualquier romanticismo empalagoso o retórica poética,
trabajar con el lugar requiere un ejercicio intelectual fuertemente
afianzado. Será, por tanto, un trabajo que siempre comenzará con la
razón, con un profundo ejercicio de reflexión y estudio sobre lo que
le es propio y lo que no, del que partirá un posicionamiento personal.
En el contexto de la investigación que llevé a cabo para mi tesis doctoral, tuve numerosas ocasiones de reflexionar sobre la importancia
del lugar y su capacidad transformadora. Hablar del *genius loci* resulta hoy tan sugestivo en arquitectura como ya lo fuera en la mitología
romana para subrayar los espíritus protectores del lugar. El arquitecto frente al lugar tomará un doble posicionamiento, por un lado lo
analizará, pero por otro pensará en la génesis de uno nuevo. El arquitecto, a diferencia del poeta, no encontrará lugares ideales e idílicos
en los que soñar pequeños templetes como lo hicieran los vedutistas.
El arquitecto trabajará con el lugar frente al que tendrá la oportunidad
de posicionarse, subrayando o anulando sus propios caracteres.

Podríamos entrar dentro de un discurso platónico del lugar como un
espacio infinito de amplios horizontes, de bucólicos atardeceres y

---

[143] FRAMPTON, K, "Anti-Tábula: hacia un regionalismo crítico", en: *Revista de Occidente*, n° 42. Noviembre 1884, pp. 29-41.

La Capilla de Notre-Dame du Haut. Estructura de barco. Le Corbusier.

embriagadores aromas, pero estaríamos haciendo simplemente del lugar una poesía, y preferimos dejar la poesía para los poetas. Frente a ello emerge el concepto aristotélico del *topos*, el lugar concreto, el punto físico que sí puede ser un atardecer pero también el centro de una ciudad congestionada, o una calle de una periferia insulsa, o un espacio natural frente a la inmensidad de un océano... Todo es lugar.

Sobre el lugar se ha escrito mucho en arquitectura, aunque este sea un planteamiento bastante reciente: «En la arquitectura moderna, desde J. N. L. Durand hasta Louis Kahn pasando por los maestros del Movimiento Moderno, la sensibilidad por el lugar es irrelevante: todo objeto arquitectónico surge de una indiscutible autonomía. Incluso un proyecto organicista de Le Corbusier como la Capilla de Ronchamp (1950-1955) mantiene una relación genérica y no empírica con el contexto. De hecho, la metáfora del barco, que está presente en buena parte de la obra de Le Corbursier, va estrechamente relacionada con la idea de una arquitectura anclada, sin ninguna relación con el entorno».[144]

Para el arquitecto, el lugar será un ámbito de continuas referencias, un espacio al que continuamente mirará para volver a coger el norte. El ruido, el exceso de comunicación o la propia crisis de pensamiento son dispersiones continuas que el arquitecto resolverá mirando al lugar. Pero si cierto es que la arquitectura se ubica en un lugar no menos lo es que la arquitectura también genera un lugar. La arquitectura está en un lugar y es lugar. Como dice Aravena, la arquitectura es espejo y es manto.[145] Todas las referencias por tanto podrán clasificarse en función de si se trata de ver un lugar físico o de pensarlo, dado que el arquitecto estará en un lugar y dentro de él generará otro nuevo.

- *El lugar como fuente de referencias básicas:* Cualquier referencia, por básica que pueda parecer, será convertida por el arquitecto en la más sublime, el *ápeiron*, la materia primigenia. Desde la humedad, el ruido, el olor, la temperatura, hasta la Luz, el tiempo o el viento, el arquitecto encontrará en ellos la descripción perfecta del lugar. Un buen análisis de estos elementos ubicará perfectamente la nueva arquitectura. Pienso en Can Lis de Utzon en Mallorca, un espacio sencillo pero que consigue definir perfectamente el lugar. Con la primera maqueta de esta casa que Utzon hizo con terrones de azúcar ya estaba casi profetizando que la construcción recogería todo el sabor de ese lugar. Parece un templo clásico en lo alto del acantilado y, a su vez, recoge la mayor parte de los criterios de arquitectura de la contemporaneidad. La construye en piedra marés, piedra propia de Mallorca, y busca los colores y texturas de la zona. Utzon sabe sacar toda la sabiduría del lugar que será proyectada en su casa.

---

[144] MONTANER, J. M., *Ensayo sobre arquitectura moderna y lugar*. Este texto se corresponde con dos conferencias impartidas en 1993 en la Universidad Menéndez Pelayo de Santander y anunciada en 1994 en la Escuela de Arquitectura de La Coruña.

[145] ARAVENA, A., *El lugar de la arquitectura*. ARQ, Santiago de Chile, 2002, p. 73.

Can Lis. Utzon.

- *El lugar como fuente de referencias cromáticas:* No vivimos en blanco y negro. Vivimos en color y dentro del color. Una de las cosas que siempre me ha sorprendido al viajar es lo sensible que somos al color. Rápidamente nos damos cuenta de que hemos cambiado de latitudes, no solamente por la luz, qué duda cabe, sino también por el color utilizado en las construcciones, en el vestir, en lo cotidiano. Dice Luis Barragán: «El color es un complemento de la arquitectura, sirve para ensanchar o achicar un espacio. También es útil para añadir ese toque de magia que necesita un sitio. Uso el color, pero cuando diseño, no pienso en él. Comúnmente lo defino cuando el espacio está construido. Entonces visito el lugar constantemente a diferentes horas del día y comienzo a "imaginar color", a imaginar colores desde los más locos e increíbles. Regreso a los libros de pintura, a la obra de los surrealistas, en particular De Chirico, Balthos, Magrite, Delvaux y la de Chucho Reyes.

Capilla de las Franciscanas Capuchinas. Barragán.

Reviso las páginas, miro las imágenes y las pinturas y de repente identifico algún color que había imaginado y entonces lo selecciono».[146] El convento de las franciscanas capuchinas de Barragán será una prueba de ello. Ubicado en una periferia en la que pasaría completamente desapercibido, tras los muros de la adusta fachada de la clausura esconde un mundo de color y de sensaciones oníricas propios de una pintura de Giorgio de Chirico.

- *El lugar como fuente de referencias materiales:* La arquitectura requiere de muchas y grandes dosis de sentido común, entre otras cosas para debatir, discernir y decidir el uso de su materialidad. Si hace un tiempo usar un material exclusivo, fabricado en las antípodas del lugar de puesta en obra, resultaba fascinante

[146] BUENDÍA, J., *Luis Barragán*. RM. México, 2001, p. 88.

Casa de Bernard Rudofsky.

Casa de Bernard Rudofsky.
Detalle.

e incluso exótico, hacerlo hoy resulta pedante. El lugar tiene una técnica pulida por el paso de los siglos. «El proyecto de la Casa se apega desde el principio a lo concreto del lugar, a sus costas y preexistencias, a su paisaje. Rudofsky evita una aproximación abstracta y de la parcela, documentando cada árbol, su ubicación, su tamaño; los ocho olivos que vivían allí aparecen fotografiados y están presentes desde el primer croquis. Junto a ellos, la implantación de la casa respeta los bancales de cultivo, los muros que los construyen y las rocas como tectónica propia del suelo».[147]

[147] LOREN, M., "La casa en Frigiliana", en: *Bernard Rudofsky*, Centro José Guerrero, Granada, 2014, p. 36.

La casa en Frigiliana de Rubofsky mostrará claramente ese estudio exhaustivo del lugar, documentando la vegetación existente, las técnicas constructivas locales y los materiales, haciendo un auténtico manifiesto en defensa de de una arquitectura tradicional, sencilla y respetuosa con su contexto.

- *El lugar como fuente de referencias de escala:* La medida la da el lugar. Las grandes fracturas urbanas son consecuencia de no hacer lectura de las medidas propias que cada ciudad desarrolla. El planeamiento que desatiende estas demandas latentes, como la de la escala, condena al hombre a estar viviendo entre desajustes urbanos que serán trasladados inmediatamente a la arquitectura. No todo vale en la ciudad. Las arquitecturas que a su vez obvian el contexto en el que son ubicadas, aunque sea para negarlo, y se erigen como mundos aislados, corren el riesgo de no hacer ciudad. Como en más de una ocasión ha subrayado Llatzer Moix,[148] pasear por la ciudad se está convirtiendo en un escaparate en el que se ven individuos inconexos entre sí, sin ninguna vocación urbana. Hay una anécdota que siempre cuento cuando hablo de la escala en la ciudad. Fue la primera vez que visité las piscinas en Leça da Palmeira, de Álvaro Siza. El sentido de pertenencia al lugar hace que la obra se inserte de tal manera que si uno no va con la certeza de saber dónde están será complicado encontrarlas. La altura perfecta —haciéndola coincidir con la diferencia de cota entre el paseo marítimo y el nivel de la playa—, la cubierta de cinc —que ha ido cogiendo con el tiempo la pátina de un verde marino— o el juego de la entrada tangencial, otorgarán el protagonismo a lo realmente importante en ese lugar: el horizonte limpio y la inmensidad del Océano Atlántico.

- *El lugar como fuente de referencias identitarias:* Junto a las referencias materiales habrá otras de carácter más teórico, alegórico e incluso simbólico. Serán referencias propias de la identidad del lugar que lo harán diferente a cualquier otro por semejante que pueda ser. Si es cierto que no hay dos lugares iguales, las

---

[148] MOIX, Ll, *Arquitectura milagrosa.* Op. cit.

Piscina en Leça da Palmeira. Álvaro Siza.

Piscina en Leça da Palmeira. Álvaro Siza. Vista Superior.

referencias identitarias serán las que hagan esta máxima más evidente. La primera vez que entré en la plaza del Cardenal Belluga de Murcia pude percibir esa sensación que se da en un espacio público que está perfectamente delimitado. Aunque todo esté abierto, uno sabe cuando entra y cuando sale, sabe cuando está dentro del ámbito y cuando no. Y eso ocurre en este espacio. Aun siendo un lugar público, al entrar en la plaza se puede percibir que todo cambia y que no todo vale. Un gran retablo barroco configura la fachada de la catedral, al lado el edificio del palacio episcopal, también barroco, y frente a la catedral, un lugar vacío que pretendía ser el nuevo ayuntamiento. Hablamos de un lugar con la carga histórica y la identidad suficientes para erigirse como el centro de la ciudad. En este lugar Moneo planteará un nuevo retablo de vacíos compitiendo con la barroca catedral, compensando la plaza. La tensión entre el poder religioso y el poder civil quedará reflejada en el nuevo edificio.

- *El lugar como fuente de referencias históricas:* El arquitecto no trabaja sobre la asepsia de un lugar de laboratorio, tiene que conocer la historia de la arquitectura así como la historia del lugar en el que trabaja. Todo lugar tiene su propia historia que trasciende a un mero encuentro con un estrato arqueológico y se completa con la historia de su relación con el hombre que lo ha habitado. Conocer la densidad histórica de un lugar previo al ejercicio de proyectar, será sentir el peso de los acontecimientos y la responsabilidad que entraña alterarlo. De ahí la importancia de hacer un minucioso y correcto ejercicio de reflexión y la peligrosidad de actuar ilógicamente desde discursos unitarios y unilineales. Uno de los motivos por los que Glen Murcutt se ha negado siempre a construir fuera de Australia es por el respeto que supone conocer todo el entramado de relaciones que se dan cita en un lugar, y actuar correctamente. «La arquitectura debe ser una respuesta, no una imposición».[149] Con esta afirmación Murcutt subraya la doble actitud que se puede tener frente al lugar: llegar como si

---

[149] *El País*, 18 de junio de 2005 [Consultado el 11 de agosto de 2014].

Ayuntamiento de Murcia. Rafael Moneo.
Foto del autor.

uno ya lo supera todo imponiendo una solución, o llegar desde la
humildad planteando toda serie de preguntas y, por tanto, proyec-
tando una respuesta: «Todos podemos trabajar en muchos sitios.
La cuestión es si queremos o no hacerlo. Me he dado cuenta de
que la mayoría de los que llamamos arquitectos internacionales
no toman en cuenta lo local. Para hacer un edificio, uno necesita
conocer dos cosas, el terreno y la cultura del terreno. El terreno
puede llegar a conocerse. La cultura es más difícil, cuesta años.
¿Cómo se puede construir una casa en España sin hablar español? El idioma y la cultura crean estilos. Las culturas distintas
producen cosas distintas. Yo no creo que un edificio apropiado
para Nueva York lo sea también para una ciudad española. Tampoco me interesan las diferencias por ser diferentes. Me importa

muy poco amanecer los lunes con nuevas ideas. Si las diferencias
nacen del conocimiento y el entendimiento de un lugar, de una
tecnología, perfecto. Lo demás no me interesa. Claro que podría
construir fuera de mi país. Si la arquitectura resultase apropiada
o no es otra cuestión».[150]

- *El lugar como referencia en un ejercicio de reflexión social y cultural:* La buena arquitectura es un sueño que necesita un profundo
ejercicio de reflexión y mucho tiempo para desarrollarlo. La propia sabiduría del lugar incorporará todas aquellas arquitecturas que le son propias, que nacen desde la reflexión concreta,
y rechazará todas aquellas que le son ajenas. La filosofía del
artesano asume estas premisas y hace un manifiesto implícito y
explícito contra la deslocalización de la arquitectura y una opción
por lo local: «Vuestras escuelas de diseño formarán a vuestros
chicos y chicas, a vuestros artesanos del futuro, y es por ello
mismo por lo que vuestras escuelas de arte han de ser escuelas locales, escuelas de ciudades particulares. Hablamos de la
Escuela Italiana de Pintura, pero no había una Escuela Italiana,
había escuelas en cada ciudad. Cada ciudad de Italia, desde
Venecia, reina del mar, hasta la pequeña fortaleza de Perugia,
cada una de ellas, tenía su propia escuela de arte, cada una diferente y todas bellas».[151]

TODO ES ARQUITECTURA: DE ROMA A VALPARAÍSO

La concepción del espacio libre, abierto, continuo, transparente,
supondrá una nueva visión de la realidad en la que, por un lado, se
asume el lugar generando espacios insertos en él y, por otro lado,
se niega generando estructuras asépticas de pilares que levemente
tocan el territorio. La búsqueda del espacio infinito como *continuum*

[150] Ib.

[151] WILDE, O., *Las artes y el artesano.* Op. cit. p. 19.

natural de todo lo visible borraba la delimitación física del límite. Ahora, por el contrario, el lugar entrará en la arquitectura. Diferente será el caso de los arquitectos de la Tercera Generación, los cuales retomarán el interés y sensibilidad con el lugar y por la arquitectura vernácula, tomando referencias en cuanto a tipologías y materiales. Barragán, Coderch, Távora o Utzon son algunos de estos arquitectos que, basándose en la idea de espacio heideggeriana, propugnan que «los espacios reciben su esencia no del espacio sino del lugar. Los espacios donde se desarrolla la vida han de ser lugares». El *genius loci* basado en la filosofía de Heidegger y reutilizado por Christian Norberg-Schulz, volverá a ser eje central, ya que «si se elimina el lugar se elimina al mismo tiempo la arquitectura... El espacio existencial consiste siempre en lugares».[152]

¿Hay algún lugar en el que todo sea arquitectura? Puede que, alegremente, uno conteste rápidamente que sí e incluso justifique ese sí con el simple hecho de lugares construidos. No. Habría que explicitar la pregunta: ¿Hay algún lugar en el que todo sea arquitectura y esta se perciba? Comparto aquí otra anécdota. Hace ya algunos años, cuando colaboraba en el estudio de Alberto Campo Baeza en Madrid, aprovechando uno de esos fines de semana de puente, decidí con un grupo de amigos ir a Roma. Tras comentar con Alberto que me ausentaría unos días del estudio, solamente me pidió una cosa: «Cuando entres en el Panteón, escríbeme una postal diciendo qué sentiste». He de decir que aun guardo la postal sin haberla podido escribir. La tarjeta aún sigue sin palabras; así fue como yo me quedé. No era la primera vez que iba, pero sí la primera vez que entraba buscando el espacio arquitectónico. Ahí decidí otorgar a ese espacio el calificativo de *espacio todo arquitectura*. Recuerdo que a la vuelta, tras comentarlo en el estudio, Alberto me hizo una apreciación, me comentó que esa sensación se volvería a repetir en otros lugares, que aprendiera de esos espacios, que los viviera y que los dibujase. Y así fue.

Pasados los años y en las antípodas del Panteón de Roma, recuerdo la mañana que por primera vez llegué a la costa de Valparaíso (Chile)

[152] NORBERG-SCHULZ, Christian, *Genius Loci. Paesaggio, ambiente, architettura*, Electa. Milán, 1979.

Panteón de Roma. Foto del autor.

Valparaíso. Foto del autor.

para escribir un artículo sobre el impacto de la declaración UNESCO en la conservación patrimonial de la ciudad. Era un día 30 de diciembre por la mañana. Una niebla densa cubría todo el anfiteatro, desde la costa hasta los cerros. Valparaíso aún no se había despertado. A media mañana y cuando el sol empezó a dar sobre la verticalidad de la ciudad porteña, en cuestión de segundos la niebla se esfumó y se desveló de forma inminente. Parecía que la gravedad se había ido con la niebla y tenía ante mí las posibilidades más inusitadas de ubicar una vivienda, una arquitectura. En ese momento di a ese lugar nuevamente el calificativo de *espacio todo arquitectura*. Este fue el motivo por el que elegí a la ciudad de Valparaíso y a su verticalidad como objeto de mi tesis doctoral.

La importancia que encontré en esa arquitectura para centrar en ella mi investigación partía de la importancia del lugar, ya que, usando tipologías existentes y aplicadas homogéneamente en otros sitios, las transformará y las hará excepcionales. Concretamente, me detuve

Viviendas de Ringhiera. Milán.

para analizar la arquitectura obrera de finales del siglo XIX. Como
hemos introducido, son numerosos los proyectos que, simultáneamente y de forma análoga, se dan en lugares diferentes para acabar
materializados de formas similares. Recordemos, por ejemplo, la
anécdota de Rossi a su llegada a Sevilla, al visitar los corrales de
vecinos. Le parece estar en Milán, precisamente porque las *viviendas
de ringhiera*, viviendas populares milanesas, eran muy parecidas a
los corrales de vecindad sevillanos: «Las relaciones analógicas, las
asociaciones entre cosas y situaciones, no han hecho sino aumentar
en mis sucesivas estancias en Andalucía, tal como en este momento, mezclando autobiografía e historia civil, emergen en mí las imágenes de la estructura de la casa sevillana. Siempre me ha gustado
la tipología del corral y la he representado muchas veces: el corral
era la forma de vida de las casas del viejo Milán».[153]

[153] ROSSI, A., *Autobiografía científica*. Gustavo Gili, Barcelona, 1984, p. 90.

Valparaíso. Dibujo del autor.

Encontrar el lugar en arquitectura será encontrar una cultura, una naturaleza, una topografía, un contexto, una tectónica y una luz propias. Así, la especial topografía de Valparaíso no dejará ajena a la arquitectura que de ella se desprenderá. Si el lugar era importante para esta arquitectura, la ciudad porteña sabrá utilizar todas sus excepcionalidades para generar lugares y lenguajes arquitectónicos propios. La limitación del espacio, los largos atardeceres[154] o la dirección del viento, entre otras causas, configuraron una ciudad única. Como subraya Ximena Urbina «no había arquitecto con tanta imaginación como los moradores más pobres de Valparaíso a la hora de protegerse del viento, de la lluvia y de los robos».[155] El proceso de

[154] Valparaíso está orientada en dirección norte-sur y oculto su lado sur por los agrestes cerros, por lo que las horas de radiación solar directa por la tarde son mucho menores que cualquier otra ciudad costera.

[155] URBINA, X., *Los conventillos de Valparaíso, 1880-1920: fisonomía y percepción de una vivienda popular urbana*. Serie Colección Quintil. Serie Argumentos (1ª Ed.), Valparaíso, Ediciones Universitarias de Valparaíso, 2002.

Valparaíso. Dibujo del autor.

crecimiento de la ciudad que implosionó en el siglo XIX acabó cristalizando de forma muy heterogénea. Por un lado, el Plan (la zona plana de la ciudad), ordenado, estructurado, con avenidas ortogonales y edificios eclécticos. Por otro lado, los cerros, en cuyas cumbres se ubicaba la burguesía británica[156] o alemana y desde donde podían controlar sus propios negocios. Y entre ambas partes, quebradas y

[156] Los ingleses controlaron el comercio, las industrias y la actividad financiera de Valparaíso durante la segunda mitad del siglo XIX y las primeras décadas del XX. En 1917 formaron su propia Cámara de Comercio, agrupando a las compañías y bancos de origen anglosajón. Prueba de este esplendor fue el edificio el Banco de Londres en calle Prat, que estaba decorado con bronces y mármoles importados desde Inglaterra. El Banco A. Edwards, que existe hasta hoy, partió como una agencia financiera en 1845, gracias a Agustín Edwards Ossandón, chileno de ascendencia británica. Y el Banco Anglo-Sudamericano, creado en 1889, manejaba las cuantiosas cuentas que daba el salitre. En la calle Prat se respiraba el rigor de las casas financieras. Algunas de sus fachadas siguen siendo testimonio de la opulencia de aquellos tiempos.

acantilados dispuestos a ser tomados[157] por una población con necesidades suficientes para hacerlo.

Es lógico que la ocupación de este espacio *intermedio* se hiciera sin ningún tipo de traza o planificación. Como dicen algunas tradiciones orales, y se ha confirmado con algunos documentos gráficos de la época, los caminos que ahora están consolidados eran los de los arrieros que con las bestias acarreaban cosas de un lugar para otro. Estas vías, que sin duda serían las que menos esfuerzo causarían a los animales, acabarían confirmándose como los caminos de acceso a los cerros. El resto de vías se fueron trazando en función de las necesidades que las diferentes viviendas demandaran. «En general, el aspecto de Valparaíso fue objeto de crítica para propios y foráneos, pues, según los conceptos de la época, sólo la ciudad ortogonal, rectilínea, merecía admiración y elogio».[158] Manuel Casanueva afirma que los habitantes de Valparaíso: «constituyeron el prodigio de sostener la casa en forma virtual. Tal virtualidad es el coraje de habitar las laderas que ningún modelo de la época contemplaba con interés urbano».[159] Estos ejercicios de ocupación se hicieron sin ningún control ni supervisión, fueron arquitecturas sin arquitecto. Se llevaron a cabo atendiendo a la necesidad del usuario, desarrollando desde los conocimientos propios y el método del ensayo y error una topografía atípica, vertical, suspendiendo habitáculos en el acantilado.

[157] *'Toma'* es un término usado en el proceso de colonización, por el cual, el espacio ocupado pasaba a ser propiedad del colono siempre y cuando lo pudiera tener adecentado y limpio. Estas "tomas" tienen una importancia fundamental en la formación de suelo urbano en muchas ciudades latinoamericanas. Es evidente que existe una relación directa entre este proceso y el diseño de las ciudades latinoamericanas al ser la primera etapa de lo que posteriormente serán "campamentos", "favelas", "limonás", "chabolas", "callampas", "ranchos", "villas miseria", "pueblos jóvenes", "ciudades paracaidistas" o "tugurios", que en América Latina alojan al 31,9% de la población.

[158] GUARDA, G., *Historia urbana del Reino de Chile*, Editorial Andrés Bello, Santiago, 1979, p. 321.

[159] CASANUEVA, M., *El Barrio acantilado*. Universidad Andrés Bello, Valparaíso, 2009, p. 46.

Valparaíso. Dibujo del autor.

No podemos hablar de arquitectura vernácula haciendo referencia a la arquitectura de los cerros de Valparaíso. Kenneth Frampton en el libro *Towards a Critical Regionalism* menciona que: «el regionalismo crítico debe tomar los aspectos progresistas de la arquitectura moderna, agregando valores relativos al contexto. Se debe valorar la topografía, el clima, la luz, las formas tectónicas por encima de la escenografía y los sentidos del tacto por encima de lo solamente visual».[160] Tomando como base este argumento, es posible apreciar la arquitectura como un fenómeno propio de un lugar que lo identifica y lo define, ya que tiene en cuenta todos los factores presentes en el entorno y los aplica, logrando crear un vínculo directo entre el locus y el proyecto. ¿Es pues la arquitectura de los cerros y acantilados de Valparaíso un modelo de regionalismo crítico?

Hay algunos autores que han hablado de «arquitectura vernácula en madera en los cerros de Valparaíso»[161] para subrayar la presencia de arquitectura inglesa. Otros han visto cierta identidad tipológica en el área histórica de la ciudad, coincidiendo esta precisamente con la zona más ecléctica y de arquitectura decimonónica.[162] Los hay que, apelando a criterios climatológicos, han hablado de «Arquitectura vernácula higrotérmica».[163] La postura de retaguardia de la que habla Frampton, el *regionalismo crítico*, es el de lugares-forma, lugares de una *resonancia y densidad expresivas*, a partir posiblemente de herencias y modelos locales para escapar de lo común y caótico de la metrópolis. Estos lugares configuran el proyecto, no solamente por un contexto geográfico, sino por un sentido ontológico, un sentido parmenidiano de concepción del espacio habitable. En las laderas

[160] FRAMPTON, K., "Towards a Critical Regionalism", en: HAL FOSTER, *Postmodern Culture*, Pluto Classics, Cronwell Press, Londres, 1985.

[161] ELGUETA, H. A., *Arquitectura Vernácula en madera en los cerros de Valparaíso*. Editorial Academia Española. Valparaíso, 2011.

[162] JIMÉNEZ, C., FERRADA, M., "Identidad topológica del patrimonio arquitectónico. Área histórica UNESCO de Valparaíso Urbano", en *URBANO*, vol. 9, núm. 14, noviembre, Universidad del Bío Bío, Santiago, 2006, pp. 20-26.

[163] LEIVA, M., *Arquitectura Vernácula*. Universidad de Valparaíso. Valparaíso, 2013.

de los cerros, lugares inhóspitos y de complejidad topográfica, se dan cita estos *lugares configuradores de forma*, lugares antagónicos para Augé cuando afirmaba: «los lugares y los espacios, los lugares y los no lugares se entrelazan, se interpenetran. La posibilidad del no lugar no está nunca ausente de cualquier lugar que sea. El retorno al lugar es el recurso de aquel que frecuenta los no lugares (y que sueña, por ejemplo, con una residencia secundaria arraigada en las profundidades del terruño)».[164]

Adolf Loos expresará perfectamente el ejercicio prístino de la arquitectura vernácula como un proceso biológico: «El campesino corta la hierba de la zona donde la casa será construida y excava donde se colocarán los muros fundacionales. Entonces aparece el albañil. Si existe una tierra arcillosa en las proximidades, entonces habrá una ladrillera para proveer los ladrillos. Si no, la piedra del río se usará para el mismo fin. Y mientras el albañil coloca un ladrillo tras otro, y una piedra tras otra, el carpintero se ha colocado cerca de allí. Los golpes de su hacha se escuchan alegremente. Está construyendo el tejado. ¿Qué tipo de tejado? ¿Uno bonito o feo? No lo sabe. El tejado... Su meta era construir una casa para él, su familia y su ganado, y lo ha conseguido. Al igual que sus vecinos y antepasados lo consiguieron. Como todo animal que se deja llevar por su instinto, triunfa».[165]

Al igual que lo que expone Loos, la ocupación del lugar intermedio, las laderas, recurre a ese estado de supervivencia del hombre por buscar un techo.

En este contexto, no cabe duda de la importancia de lo efímero y su papel protagónico en estas arquitecturas. No solamente por el origen de los materiales para la construcción de estos espacios, sino también por la forma de hacerlo en origen, describen la arquitectura propia de lo efímero y provisional. Este concepto de fondo tenía sentido en el momento en el que se estaban ejecutando estas

[164] AUGÉ, M., *El viajero subterráneo*. Editorial Gedisa, 1998, p. 110.

[165] LOOS, A., "Architecture 1910", en: BENTON, Tim and Charlotte (eds.), *An international Anthology of Original Articles in Architecture and Design, 1890-1939*, Watson Guptill, New York, 1975, pp. 41-45.

Valparaíso. Dibujo del autor.

arquitecturas. Son muchas las crónicas y fuentes coetáneas a estas ocupaciones, que muestran cómo tras producirse tormentas, estas edificaciones eran derribadas y había que volverlas a levantar. La elevada pendiente del terreno hacía que las aguas arrastraran los restos de las construcciones. Este ejercicio de construir y reconstruir acabará configurando una arquitectura con un carácter de temporalidad limitada y cuya única respuesta podía ser dada por lo efímero. Si a eso unimos el gran número de sismos que se dan en esta zona, estamos describiendo un sistema constructivo propio, local.

Pero lo efímero va más allá de un simple sistema constructivo. En este concepto se encuentran connotaciones proyectuales que, de alguna manera, irán calando en el imaginario colectivo de la construcción en los acantilados de Valparaíso. Siempre se ha visto que la naturaleza temporal de las construcciones efímeras ofrece la oportunidad a los arquitectos de soñar y experimentar libremente en forma de pequeños caprichos arquitectónicos o en acciones urbanas que alteren el uso del espacio público de forma temporal. Las construcciones efímeras se convierten así en una envoltura flexible para nuevos usos y espacios, donde el público es un elemento más del alma de la edificación a través de su participación e interacción con la propia obra. Si bien hace ya más de 2.000 años Ptolomeo II de Egipto mandó erigir un pabellón con motivo de la celebración de un banquete, es durante el Renacimiento y el Barroco cuando la arquitectura efímera alcanza su madurez. Usando maderas y telas se crean, en forma de túmulos y altares, espacios de exaltación al servicio de los poderes religiosos y políticos de la época. ¿Qué ocurre cuando lo que ha pensado ser efímero se convierte en permanente y un material *a priori* fugaz deja de serlo o lo ingrávido se vuelve grávido? Se produce la cristalización de una escenografía. Como veremos, esta será una de las características principales de la construcción en el acantilado: el ejercicio de ocupación del lugar desde lo transitorio frente a la concepción de la ocupación permanente en el tiempo.

Si bien lo efímero será importante en la concepción de estas arquitecturas, no menos lo será el papel de *la autoconstrucción*. Serán los propios tomadores del terreno, ayudados en algunos casos por

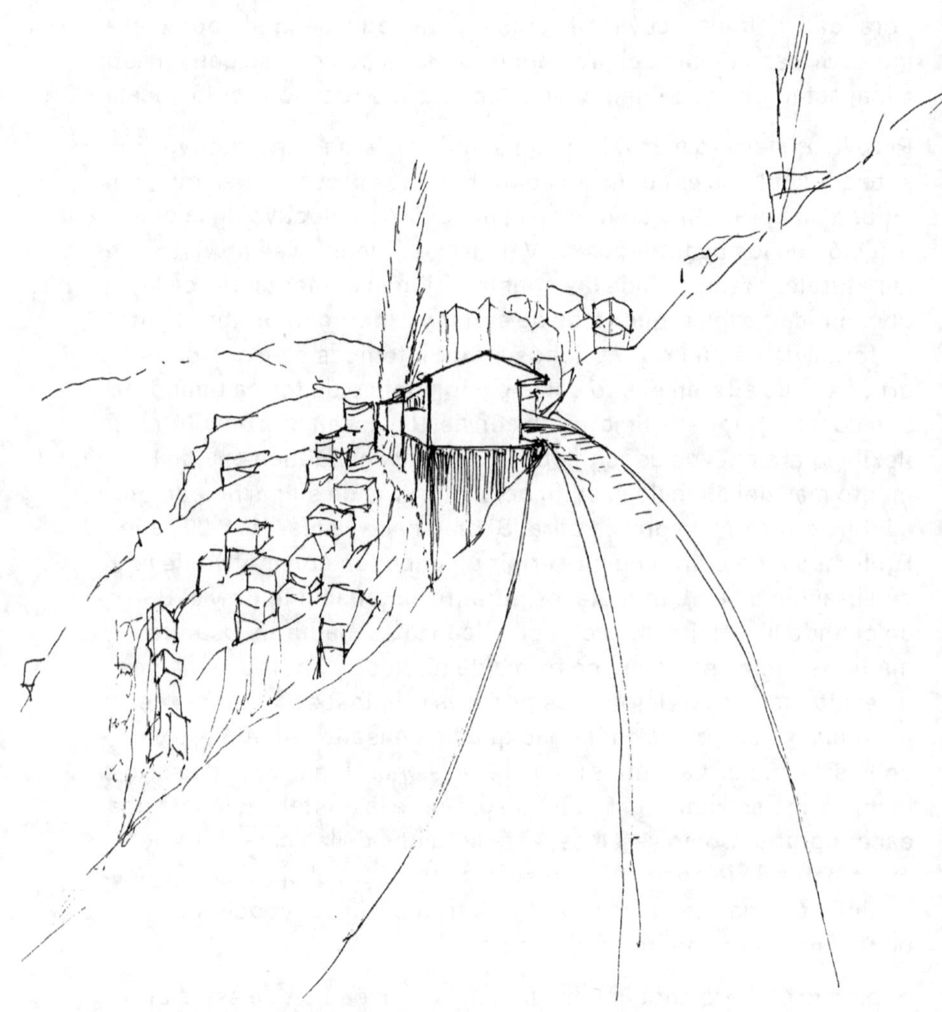

Valparaíso. Dibujo del autor.

carpinteros y vecinos, los que levanten estas construcciones sin guía alguna de algo que pudiera ser un proyecto.

Las arquitecturas conservadas hasta nuestros días en estos ámbitos de la ciudad porteña, recogen de manera sintética todas las características de estas construcciones, desarrollando nítidamente una forma propia de construcción, una forma propia de acercamiento y apropiación de ese lugar haciéndolo un *espacio todo arquitectura*.

EL ESPACIO ENTRE LAS RUINAS
(Extracto de la conferencia pronunciada para la AIA en la ETSA de Sevilla).

La ciudad patrimonial demanda buena arquitectura contemporánea, no busca reproducir, repristinar y hacer falsos históricos. En este sentido, he tenido la oportunidad de intervenir sobre varios edificios patrimoniales y a diferentes escalas, desde rehabilitaciones parciales hasta trabajos en inmuebles que han sufrido grandes y graves alteraciones. No hay proyectos más interesantes que otros, sí hay unos proyectos más complejos que otros. Quisiera mostrar uno al que le tengo especial cariño por lo mucho que en él he aprendido y por lo complejo del proceso de intervención. Se trata de la Rehabilitación de las Antiguas Carnicerías Reales del siglo XVI de Porcuna (Jaén), mi pueblo.

En un solar muy reducido en extensión (163,50 m^2) y limitado por tres medianeras, converge un amplio espectro de riqueza patrimonial. Por un lado, en el plano horizontal, los restos arqueológicos subyacentes de una estructura pretérita de pozos ibéricos, posteriormente usados por los romanos, sobre los que se superpone un sistema de canales y desagües. Por otro lado, en el plano vertical, los elementos emergentes de una torre medieval del sistema fortificado de la ciudad, así como restos del antiguo recinto amurallado. Y por último, la estructura de muros de carga de un edificio que sufrió los estragos del terremoto de Lisboa de 1755 y que aún permanecía en pie.

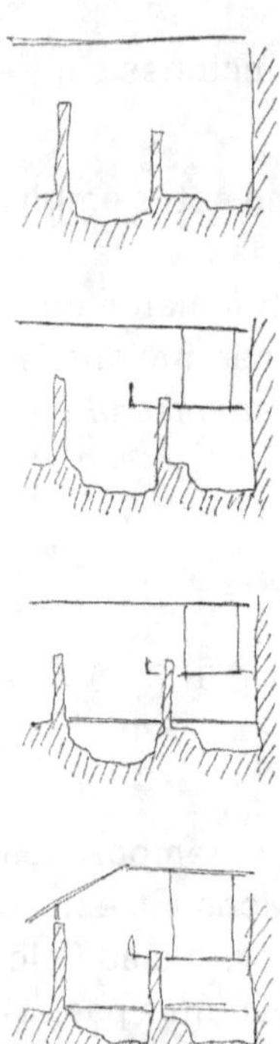

Esquema intervención en Rehabilitación Antiguas Carnicerías Reales del siglo XVI de Porcuna. Dibujo del autor.

Bajo estas premisas nos planteamos rehabilitar un espacio que sacara cada uno de estos elementos históricos y fuera cosido dentro de una nueva arquitectura limpia, sobria y sencilla, una arquitectura que será un *contenedor de patrimonio*. El proyecto construido, por tanto, será un recorrido entre los vestigios que el pasado ha ido dejando para, entre ellos, generar un nuevo espacio con un doble uso: en una nueva planta superior el uso de archivo y en la inferior el de sala expositiva.

La nueva arquitectura generada permitirá reconocer cada uno de los elementos patrimoniales de forma independiente mostrando diferentes ventanas al pasado: unas en el suelo, que evidencian las construcciones ibéricas y romanas, frente a otras en los muros que dejan entrever la muralla junto a los restos de la torre medieval.

La reconstrucción patrimonial se ha llevado a cabo mediante sistemas tradicionales locales mientras que la obra nueva se ha conseguido con novedosos sistemas estructurales.

Ante una complejidad de elementos patrimoniales como esta nos asalta la primera duda: ¿Qué debe hacer aquí la arquitectura? Y la respuesta es clara: buscar el espacio entre las ruinas. Esta ha sido toda la filosofía del proyecto, ir descubriendo el espacio que nos dejaban entrever las ruinas y que nos permitiera hacer una lectura individualizada de cada uno de los elementos.

Si bien todos los vestigios patrimoniales eran restos de elementos arquitectónicos conocidos y ubicados dentro de la lógica histórica del inmueble, el primer gran paso era dibujar todo, documentar todos los restos que nos permitieran indagar y buscar el nuevo espacio que, sin alterar el carácter de cada preexistencia, le dotara de una lógica dentro del discurso completo de la nueva obra.

No cabe duda de que un solar de tan reducidas dimensiones y rodeado de altas medianeras, así como la presencia de muros que delimitaban la fachada, ya le confería un carácter concreto de ser una arquitectura entre muros, una arquitectura en la que su volumen capaz ya estaba definido. Igualmente ocurría con los planos horizontales, en los que la aplicación de la normativa, así como de la lógica patrimonial, no dejaban alterar el carácter de edificio de dos crujías, hecho por el cual habría que mantener el faldón de la cubierta inclinada hacia el exterior.

La complejidad del proyecto en cuanto a los elementos a conservar era mayor si cabe por el mal estado en el que se encontraban cuando llegaron a nosotros. La exposición al descubierto durante mucho tiempo había hecho que la humedad y la vegetación camparan a sus anchas y las patologías físicas y químicas fueran importantes. En este sentido, el proyecto arquitectónico se enriquecerá dada la complejidad que encierra y obligará a hacer confluir a geólogos, químicos, ingenieros, arqueólogos, historiadores, restauradores y, lógicamente, arquitectos.

Trabajar con el patrimonio genera algunas certezas pero muchas incertidumbres. En este caso no será diferente. Sobre las certezas de

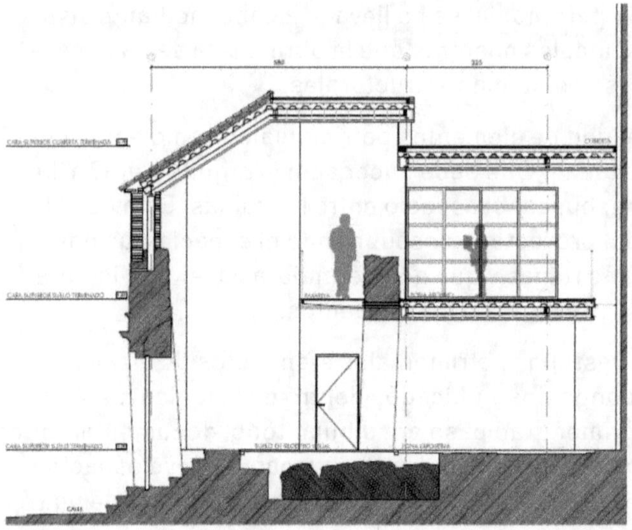

Sección Rehabilitación Antiguas Carnicerías Reales del siglo XVI de Porcuna.
Dibujo del autor.

las realidades materiales heredadas pesa la incertidumbre de saber qué se puede obviar y qué no. El arquitecto deberá leer entre líneas el lenguaje de la arqueología.

Este proyecto, a su vez, tenía cierto carácter de resistencia. Si bien hasta la fecha muchos edificios patrimoniales habían sido objeto de la destrucción en el contexto del *boom* inmobiliario, este proyecto quería ser una enseña de que otra arquitectura era posible conservando el patrimonio local. Así, fundamentados en cierto aire de un regionalismo crítico, buscamos técnicas constructivas locales, materiales propios y discursos inherentes al municipio. «La estrategia fundamental del regionalismo crítico es mediar el impacto de la civilización universal con elementos derivados indirectamente de las peculiaridades de un lugar particular. Está claro de lo anterior que el regionalismo crítico depende del mantener un alto nivel de timidez crítica. Puede encontrar su inspiración guía en cosas como en el rango y calidad de

Rehabilitación Antiguas
Carnicerías Reales del siglo XVI
de Porcuna. Foto: Javier Callejas.

Rehabilitación Antiguas Carnicerías Reales del
siglo XVI de Porcuna. Foto: Javier Callejas.

la luz local, o en una tectónica derivada de un modelo estructural particular, o en la topografía de un sitio determinado».[166]

Una vez analizado, estudiado y discernido qué se conserva y qué no, es el momento de buscar el espacio generado por las ruinas, un espacio con tanto valor patrimonial como los restos físicos en sí. En este sentido, y casi como una anécdota, cabe decir que el muro de fachada contaba con un desplome de casi 7° debido al terremoto de Lisboa de 1 de noviembre de 1755. Bajo el criterio de muchos, ese desplome había que resolverlo y volver a dejar el muro a plomo. Lógicamente el muro se quedó inclinado. Y es que tan patrimonial es el resto del muro como los avatares por él sufridos. Además, así dejábamos en Porcuna su propia *torre inclinada* (con una inclinación mayor que la de la propia torre de Pisa que tiene un desplome de 4°).

Para unos restos materiales subyacentes no hay nada más importante que su protección y cubrición. El proyecto será, por tanto, una

[166] FRAMPTON, K., «Towards a Critical Regionalism: Six Points for an Architecture of Resistance», en: Jencks, Charles; Kropf, Karl, *Theories and Manifestoes of Contemporary Architecture*. London: Wiley Academy. 2006, p. 97.

Rehabilitación Antiguas Carnicerías Reales del siglo XVI de Porcuna.
Foto: Javier Callejas.

cubierta, una caja contenedora para restos con capacidad de dar lectura a cada uno de ellos de forma independiente y, a su vez, de conjunto. De esta cubierta descolgaremos un recorrido que servirá para coser cada uno de los restos. Había que trazar de la ruina una nueva arquitectura y, como Piranesi, hacer una ruina contemporánea. Parecía una paradoja. Piranesi hará de la ruina una memoria-presente, un pasado hecho actualidad. Esa visión de la ruina será la que el artesano use para aprender de ella. Hacer de la ruina un presente, hacer del pasado una contemporaneidad.

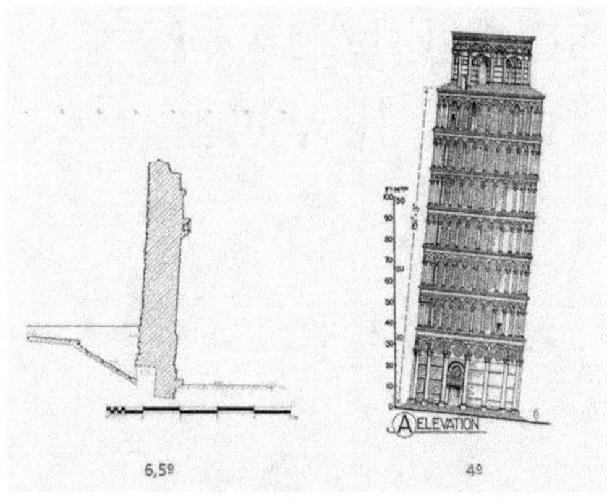

Esquema. Dibujo del autor.

Rehabilitación Antiguas
Carnicerías Reales del siglo XVI
de Porcuna. Foto: Javier Callejas.

Durante la excavación tuvimos la grata sorpresa de encontrar un
trozo de un plano de montea de la fachada. Para un arquitecto un
plano de montea es la prueba fehaciente de que el edificio fue proyectado. Era una losa de arenisca reutilizada para dos trazados, por
un lado había esgrafiado un fragmento de capitel y superpuesto a
este el trazado de la geometría de un remate de la fachada. Más claro
que nunca, entre las ruinas surgía el proyecto de arquitectura. Es
más, en ese pequeño solar, todo era Arquitectura.

TODO TIENE SU MOMENTO Y CADA COSA SU TIEMPO

¿Dónde estarán los siglos, dónde el sueño
De escapadas que los tártaros soñaron.
Dónde los fuertes muros que allanaron,
Dónde el Árbol de Adán y el otro Leño?
El presente está solo. La memoria
Erige el tiempo. Sucesión y engaño
Es la ruina del reloj. El año
No es menos vano que la vana historia
Entre el alba y la noche hay un abismo
De agonías, de luces, de cuidados:
El rostro que se mira en los gastados
Espejos de la noche no es el mismo.
El hoy fugaz es tenue y es eterno;
Otro cielo no esperes, ni otro infierno.[167]

El tiempo, lo fugaz, lo limitado, ha sido constantemente objeto de
estudio y análisis como un elemento a tener en cuenta en la historia de la arquitectura. Paralelamente, el ser humano ha intentado
siempre vencer su irremediable finitud. «Seres de un día, sueño de
una sombra, el hombre»,[168] señalaba Píndaro, utilizando la palabra
epámeroi (de un día, *epi heméra*). El hombre, pues, es transitorio,
fluyente, de la misma materia del tiempo en el que vive. Y si bien al
tiempo no se le puede detener, sí hay formas de testimoniar nuestro
paso fugaz por la vida como manera de retener la pasión que aquella
significó. Esta finitud ha sido muy tenida en cuenta por el hombre,
y por la arquitectura, siempre con vocación de permanencia en el
tiempo. Esta obsesión de perdurar se fundamenta en oposición a la
muerte, con todo aquello que permite subsistir al terror del paso del
tiempo o, más específicamente, con la idea de la inmortalidad de una
obra de arte o arquitectura. «El precio de esta eternidad es la muerte
irrevocable»,[169] dice Zygmunt Bauman. La eternidad es la clave de la
imposibilidad de resistir por completo al tiempo, nada estará vivo o

---

[167] BORGES, J. L., "El instante", en: *Ficciones*. Ed. Debolsillo. Madrid, 2011.

[168] Píndaro, *Píticas* VIII, 95- 97

[169] BAUMAN, Z. *et al. Arte ¿liquido?* Sequitur. Madrid, 2010.

nada de la cultura vivirá si ella misma no es capaz de degradarse, de asumir la imposibilidad de evasión de su condición pasajera.

El tiempo es uno de los elementos fundamentales del artesano desde una doble perspectiva. Hace las cosas para permanecer en el tiempo y las hace sin tiempo. La obra del artesano, por tanto, transgredirá el tiempo, romperá la pura lógica del tiempo y de su discurso lineal. «Lo que más enorgullece a los artesanos es el desarrollo de las habilidades. Por eso la simple imitación no produce una satisfacción perdurable; la habilidad tiene que evolucionar. La lentitud del tiempo artesanal es una fuente de satisfacción; la práctica se encarna en nosotros y hace que la habilidad se funda con nuestro ser. La lentitud del tiempo artesanal permite el trabajo de la reflexión y de la imaginación, lo que resulta imposible cuando se sufren presiones para la rápida obtención de resultados. La madurez implica mucho tiempo; la propiedad de la habilidad es duradera».[170] Como ya hemos dicho, el artesano hará las cosas bien por el simple hecho de hacerlas. Para ello dejará a un lado el reloj y, simplemente, trabajará. De esta manera detiene el tiempo físico, generando una paradoja: anula el tiempo para permanecer en el tiempo. Y es que la obra que salga del taller del artesano tendrá vocación de permanencia. Tal como dice Lola Robador refiriéndose al paso del tiempo en Sevilla: "Crisol de culturas; refinamiento de los detalles, gusto por la perfección, y alegría con ideas en sus formas y sus límites".[171] Dos palabras para definir el tiempo según el artesano: cultura e idea.

- El tiempo como cultura: El tiempo se materializa en la obra haciendo de ella la respuesta de una cultura concreta.

- El tiempo como idea: El tiempo es parte de la idea empleada por el artesano y será, propiamente, el crisol que la vaya puliendo.

El tiempo en la obra del arquitecto materializa un modo de vida, una forma de entender y desarrollar el hábitat. Si entendemos el museo

[170] SENNETT, R., op. cit., p. 362.

[171] ROBADOR, M.D., *La luz y el color de Sevilla*. Lección Inaugural de la E. U. de Arquitectura Técnica. Universidad de Sevilla. Sevilla, 2008, p. 21.

con la idea de Sewell del lugar donde se muestra todo lo que el tiempo no ha sido capaz de consumir, podríamos decir que la ciudad es el mejor museo, en el que se ve la permanencia y la fugacidad y dónde aún permanece la belleza. «La arquitectura no trata solamente de la domesticación del espacio... Es también una gran defensa en contra del terror al tiempo. El lenguaje de la belleza es esencialmente un lenguaje atemporal de la realidad».[172]

La arquitectura necesita tiempo, mucho tiempo. Las ocurrencias son resultado de la precipitación rápida. La sabiduría de la naturaleza nos lo mostrará plásticamente: tiempos cortos producen estructuras amorfas, tiempos largos darán estructuras ordenadas. En una entrevista a Glenn Murcutt observaba sobre el tiempo: «Lo que yo valoro en la arquitectura lo aprendí de mi padre. Un principio es un principio y los principios no son flexibles ni se hacen preguntas, son reglas fijas. Sin embargo, debes admitir el cambio si quieres encontrar mejores respuestas. Nunca pensé en la arquitectura como un objetivo a perseguir sino como algo a descubrir. No tengo la sensación de crear cosas, pero sí de descubrir maneras de hacer. Para mí el mundo es un territorio por descubrir y lo que determina la obra del arquitecto es la manera en que trata de descubrirlo. A los estudiantes les doy siempre dos consejos: que sean pacientes porque la arquitectura necesita tiempo, y que observen. Quien observa termina por ver».[173]

La buena arquitectura será, por tanto, resultado de la lógica del tiempo, que encontrará en la precisión su mejor aliado. Al igual que el artesano, el tiempo será el factor determinante de una buena obra. El artesano, con tiempo, hará una obra que trascienda al tiempo. «Tan solo una fina corona de oro macizo queda como testimonio del imperio de Etruria, y mientras por las calles de Florencia el nombre caballero y el altivo duque hace mucho que pasaron, las puertas que el humilde Ghiberti hizo por puro placer todavía custodian la bonica casa donde nació y fueron dignas, incluso, de las alabanzas del mismo Miguel

[172] HARRIES, K., "Building and the Terror of time", en: *Perspecta. The Yale Architectural Journal*, New Haven, 1982, pp. 59-69.

[173] El País 18 de junio de 2005 [consultado 4 de octubre de 2011]

Puerta del Paraíso. Ghiberti. Florencia.

Ángel, que las llamó merecidamente *Las puertas del Paraíso*».[174] Ghiberti hizo que con tiempo, unas puertas fueran las puertas del paraíso.

El tiempo ha sido el indicativo más claro que ha evidenciado este momento de crisis en la arquitectura. La producción en serie, intentando eliminar al tiempo como parte fundamental en el proyecto, nos ha llevado a construcciones sin alma, sin contenido. La rapidez ha eliminado la reflexión. El arquitecto debe exigir tiempo. Nunca el ejercicio de la arquitectura ha sido una tarea rápida. Pretenderlo será eliminar contenidos muy necesarios para la sociedad de hoy. La rapidez que la modernidad ha impuesto a todos los campos de la sociedad la ha inoculado también a la arquitectura. En este sentido, el arquitecto deberá ser *contramoderno*: «La arquitectura necesaria ha de ser consciente del material más importante del que hoy dispone o mejor, no dispone la arquitectura, el tiempo. La arquitectura hecha rápida, sin tiempo para pensarse, sin tiempo para disfrutarse, resulta débil y fácilmente manipulable por los intereses del mercado. El antídoto más importante contra los efectos del mercado, de la banalidad, del consumo, es el tiempo. El tiempo dota de profundidad a la arquitectura. Si analizo las arquitecturas que menos me interesan todas tienen algo que ver con la falta de tiempo. Cuando los proyectos se repiten independientemente del lugar y las circunstancias, sospecho que sencillamente no han sido pensados con tiempo... Cuando los proyectos no son sugerentes, no emocionan, no son eficaces, no duran... pienso que no se han realizado con y pensando en el tiempo... Por difícil que parezca conseguirlo en nuestras presentes circunstancias, la arquitectura necesaria requiere tiempo».[175]

Hablar de tiempo es hablar también de *memoria*, *cambio* y *permanencia*. Hablamos de patrimonio como la superposición de estos tres elementos. Restos materiales que nos informarán sobre un pasado: la *memoria*. Restos transformados que evidenciarán un *cambio* pero mantendrán latente su identidad: la *permanencia*. Ese intento de

[174] WILDE, O., *Las artes y el artesano*. Gadir. Madrid, 2010, p. 29.

[175] MANGADO, F., *La arquitectura necesaria*. Conferencia. Congreso Arquitectura Necesaria. Pamplona. 2014.

permanecer a lo largo del tiempo será el que utilicemos los arquitectos para conservar vestigios del pasado en las arquitecturas contemporáneas. Conservar esas presencias en la contemporaneidad y garantizarles una lectura completa y no contradictoria con la nueva arquitectura será el objetivo fundamental del arquitecto artesano. Para ello conocerá a la perfección los restos, los dibujará, redescubrirá los espacios que en su día configuraron, los observará y los incluirá con un nuevo lenguaje. Será un nuevo espacio descubierto entre las ruinas, con tanto valor patrimonial como los propios elementos materiales.

Analizamos el tiempo, por tanto, como el aglutinante de la mutabilidad[176] y cambio en la concepción de la nueva arquitectura vinculada al patrimonio arquitectónico. El tiempo en el proyecto patrimonial será un generador de fronteras y espacios que dejan de constituir límites para apoyarse en la incertidumbre y enseñar fluidez, continuidad o discontinuidad, con la capacidad de integración en los nuevos espacios. Es una relatividad y mutabilidad que se refleja en nuestra esencia humana absoluta e innegablemente indeterminada, inestable y versátil; que se registra a cada nivel de producción plástica, técnica, experimental o teórica, fusionada en la creación espacial. Es un punto de fuga que admite, de acuerdo a J. Baudrillard,[177] otras conciencias, desvíos y prolongaciones, un nuevo sentido «que inmaterial le permite al Espacio convertirse en ilusión y dramaturgia, en seducción que fusiona en sí misma razón y afecto».[178] Se trata pues

[176] "Fenómenos que se comprenden en su continuidad, superposición y simultaneidad, planteando la existencia de una estrecha relación continuidad-ambigüedad y afirmando así esta característica como la forma más natural y sin duda imprescindible del espacio arquitectónico". GUISADO, Jesús. M. "Ambigüedad: la ironía en el espacio de Terragni", en: *Revista COAM*, 313, Madrid, 1998.

[177] BAUDRILLARD, Jean, "¿Verdad o radicalidad?", en: *Revista Summa*, n° 36, Buenos Aíres, 1999, p. 77.

[178] Baudrillard plantea que el objeto arquitectónico debe ser capaz de inventarse a sí mismo y de crear más allá de lo que muestra. Lo que denomina como "espacio mental de seducción", un juego que permita recrear y re-inventar mentalmente el objeto y como tal, la aparición de otro escenario que no sería más que la presencia y ausencia del espacio. Cfr. BAUDRILLARD, Jean, op. cit., pp. 78-79.

de un asunto donde, probablemente, el objetivo sea rescatar lo inadvertido de circunstancias y elementos que observamos como obvios, que probablemente permiten sub-lecturas y alternativas, que poseen otras dimensiones espaciales y nuevos espíritus. La arquitectura del artesano, en este contexto, ocupará un rol desafiante y despojado de evidencias que, siguiendo aún a Baudrillard, reivindique pensamiento y esencia frente a lo que él califica como una «dictadura temporal de la transparencia».[179] «La condición arquitectónica presente nos hace recaer en nuestro sentido histórico», dijo Pallasmaa, quien ha afirmado que «la memoria es mucho más importante que la información porque abre las puertas a la creación. Además, no podemos percibir si no tenemos memoria, de la misma forma que no podemos imaginar si nunca hemos visto».[180]

Hablar de tiempo es hablar de Luz. Alberto Campo Baeza lo subrayará diciendo «que en arquitectura la luz construye el tiempo porque es evidente que el paso de la luz del sol a través del espacio arquitectónico da razón del tiempo. El edificio se convierte así en una clepsidra donde, si está bien construido y articulado, se producirá algo inefable al paso de la luz, como cuando el aire atraviesa el instrumento musical y se produce el milagro de la música».[181] La luz será el reflejo más directo del tiempo en la obra del arquitecto y determinará un tema fundante en arquitectura. ¿Qué sería de la arquitectura sin la luz? ¿Y sin el tiempo? Podríamos asemejar el paralelismo entre vivir sin luz (diferente a vivir en la sombra) y vivir en la inmediatez, en el instante.

La luz genera una paradoja en la arquitectura y es que esta se percibe por la sombra. Siempre he visto el Panteón como el lugar en el que se da cita de forma nítida el mito de la caverna de Platón, ya que quien ha visto, estado y observado su interior, habrá podido ver la luz. A este respecto, el grabado de Jan Saenredam sobre un dibujo de Cornelis Cornelisz de 1604 *La caverna de Platón*, representa de

[179] Ibídem. p. 78.

[180] *ABC*, 21 de mayo de 2012 [consultado 14 de septiembre de 2013].

[181] CAMPO BAEZA, A., *Phoetica Architectonica*. Op. cit.

Baños árabes de Jaén.

forma clara la luz en el proyecto arquitectónico, ya que solo dentro de la arquitectura habrá conciencia de luz. «La luz es componente esencial, imprescindible para la construcción de la arquitectura. La luz es MATERIA Y MATERIAL como la piedra. Cuantificable y cualificable. Controlable y capaz de ser medida. Sin luz no hay arquitectura solo tendríamos construcciones muertas. Architectura sine luce nulla architectura est».[182]

[182] CAMPO BAEZA, A., *La idea construida*. Op. cit.

Grabado de Jan Saenredam sobre un dibujo de Cornelis Cornelisz de 1604
La caverna de Platón.

CUANDO HEMOS LLEGADO AL LÍMITE
(Extracto conferencia pronunciada en el Colegio de Arquitectos de Chile)

«Un límite no es aquello en virtud de lo cual algo concluye, sino, aquello a partir de donde algo comienza a ser lo que es, inicia su esencia. Espacio es esencialmente lo que se ha dejado entrar en sus fronteras».[183]

[183] HEIDEGGER, M., "Construir, Habitar, Pensar", en *Conferencias y artículos*, Ediciones de Serbal, Barcelona, 2001, pp. 119 y ss. Traducción de Eustaquio Barjau.

Hablar de límite es hablar de frontera, de la diferencia entre lo que está dentro y lo que está fuera, para proceder a incluir o excluir. El límite es el que tiene la capacidad para acoger o por el contrario ignorar y expulsar. El límite vive de la diferencia y la alimenta para continuar su razón de ser. A su vez, el límite mira las partes limitadas y se relaciona con ellas dibujando una frontera. La arquitectura vive continuamente de límites, dibuja las formas y establece territorios como suma de estos para distinguir lo que está dentro o no, generando espacios.

El límite se relaciona de forma directa con la transparencia. Es el límite definido y existente pero no percibido. La transparencia es un aspecto clave en la complejidad del lenguaje contemporáneo. La arquitectura busca la piel idónea, el límite ideal para un cuerpo que se presenta cada vez más ágil y dinámico en su transformación. La transparencia busca la disolución de lo limitado, el material que se une al espacio para no generar apariencia, ser todo uno. La transparencia busca la ingravidez de la luz que diluye el límite. «¿No es la luz el único medio capaz de hacer ingrávida la insoportable gravedad de la materia? La luz es componente esencial para toda posible comprensión de la cualidad del espacio. La luz es el material básico, imprescindible de la arquitectura. Con la misteriosa pero real capacidad, mágica, de poner el espacio en tensión para el hombre. Con la capacidad de dotar de tal cualidad a ese espacio, que llegue a mover, a conmover a los hombres».[184]

El límite guarda la génesis de la forma por su carácter de provisionalidad y su ser efímero: «El límite no es donde alguna cosa cesa, sino, como los griegos habían observado, es donde alguna cosa comienza a ser».[185] La arquitectura original del artesano nace de un carácter de inmaterialidad, de construcción precaria que podría llevar al planteamiento de ser arquitecturas temporales, arquitecturas como extensión

[184] CAMPO BAEZA, Alberto, *La idea construida*, op. cit. p. 72.

[185] FOUCAULT, M., "Bâtir Habiter Penser", en *Essais et conférences* [Vorträge und Aufsätze, 1954], trad. André Préau, Paris, Gallimard, 1958, p. 183.

del hombre, como prolongaciones de sí mismo. Aquí el límite será sinónimo de génesis, de paso de un espacio precario al ser de un espacio habitacional. Aquí el límite ocupará uno de sus principales roles, ser el ejercicio más primitivo de generación de hábitat, de la génesis de la arquitectura: «El primer inventor de las artes es la necesidad, el más ingenioso de todos los maestros y cuyas enseñanzas son las más escuchadas. Abandonado al nacer —como dicen Lucrecio y Plinio—; desnudo en la tierra árida; sintiendo en su exterior el frío, el calor, la humedad y los golpes de otros cuerpos, y en su interior el hambre y la sed, el hombre no podía seguir inactivo mucho tiempo. Se vio obligado a procurarse sus propios medios, y los encontró. Cuando los hubo encontrado, los perfeccionó... [...]. Finalmente [...] se formaron con el tiempo esa serie de preceptos que denominamos Arquitectura, y que es el arte de hacer viviendas firmes, cómodas y decorosas».[186]

Para Gottfried Semper la primera intervención arquitectónica es la que encierra un lugar con un cerramiento espacial por un tejido, que separa el vacío del vacío, que establece los límites y que califica el lugar alrededor de un espacio convertido en hogar. Los contornos exactos de la lógica epidérmica son difíciles de delimitar, pero sus características más destacadas serían la autonomía del revestimiento y la primacía del material.

El planteamiento del artesano se ubica en el límite de la arquitectura, una arquitectura delimitada por el espacio de Semper, de elementos efímeros que hasta la hacen dudar como tal. Igualmente, se ubica en el límite de la ciudad por centrarse en áreas no consideradas como tales, sino como asentamientos. Y es que, como dice Tschumi, muchas veces hay que recurrir al límite porque «a menudo nos informan acerca del estado de esa disciplina, sus paradojas y sus contradicciones. Cuestionar límites es una manera de determinar

[186] BATTEAUX, C., *Les Beaux-arts réduits à un meme principle*, 2ª ed. París, 1776, p. 24-26, en: VIDLER, Anthony. *Reconstruir la cabaña primitiva. El retorno a los orígenes*, de Lafitau a Laugier de (ed). *El espacio de la ilustración. La teoría arquitectónica en Francia a finales del siglo XVIII*, Edición castellana Alianza editorial S.A. Madrid, 1997, p. 23.

la naturaleza de la disciplina... [...] Producciones al límite de la literatura, al límite de la música, al límite de cualquier disciplina, a menudo nos informan acerca del estado de esa disciplina, sus paradojas y sus contradicciones. Cuestionar límites es una manera de determinar la naturaleza de la disciplina».[187]

Hablar de límite en arquitectura ha sido una constante a lo largo de la historia. Todos los procesos de superación y rupturas han sido el resultado de un continuo encuentro con el límite, encuentros de delimitación y transgresión del mismo. Todo el discurrir del límite deambula entre estos dos puntos, su reconocimiento y su transgresión. Esta actitud de ruptura no se inicia espontáneamente, sino que está suscitada por un sentir, una sensación de sentirse limitado, una sensación de estrechez y ahogo, tal como describe Cristóbal Holzapfel.[188] Concretamente, en el ámbito de la arquitectura, esta relación de transgresión y ruptura ha sido estudiada recientemente por varios autores movidos por diferentes objetivos. Por un lado, desde el campo de la epistemología y la teoría del conocimiento, como es el caso de Alberto Rubio Garrido,[189] el cual, basándose en la teoría de los límites de Goodman[190] en el campo concreto de la arquitectura, enuncia una alternativa de interpretación estética. La teoría de los símbolos será en este caso sustituida por una relación entre el significado y la obra no identificativa. Por otro lado, desde un análisis del proyecto de arquitectura y su relación con el límite. En este escenario, el límite se reconoce como un elemento difuso en la relación de ámbitos o disciplinas. Y, por último, un acercamiento al límite en arquitectura como un ejercicio de análisis con otras disciplinas como la

[187] TSCHUMI, B., *The Manhattan Transcrips*, Londres: Academy Editions, 1994.

[188] HOLZAPFEL, C., *De cara al límite*, Ediciones Metales Pesados, Santiago, 2012.

[189] RUBIO, A., "Significantes estéticos y arquitectura: límite y crítica de la teoría de los símbolos de Nelson Goodman", en: *Cuaderns de filosofía i ciencia*, n° 40. Universidad de Valencia. Valencia, 2010, pp. 97-104.

[190] GOODMAN, N., *Los lenguajes del arte. Aproximación a la teoría de los símbolos*, Seix Barral, Barcelona, 1976, p. 258.

Leon Battista Alberti.

pintura y la escultura, como subraya el trabajo de Javier Maderuelo[191] entre otros, el cual se centrará concretamente en las interferencias entre la escultura y la arquitectura y el límite entre ambas. Tal como subrayaba Vitrubio en su tratado *De Architectura*, la arquitectura y la escultura comparten dos características de las tres que él define como los fundamentos arquitectónicos, la belleza (*Venustas*) la

[191] MADERUELO, J., *El espacio raptado. Interferencias entre la escultura y la arquitectura*. Ministerio de Cultura. Madrid, 1990.

firmeza (*Firmitas*) y la utilidad (*Utilitas*), siendo las dos primeras relacionadas al concepto de esculpir, diferenciándose claramente en la
tercera característica —la utilidad— ya que de eso se trata la función
de la arquitectura, de ser útil, ser recorrida, ser habitada y ser sen-
tida, diferenciándose de la escultura en donde el hecho técnico de
construcción y la estética son su fundamento.

El estudio del límite en el hábitat lleva implícitos ciertos elementos a
tener en cuenta dada la igual transgresión que esto supone:

- Configuración de nuevos límites a partir de los existentes. Será
  la translimitación. La transgresión de los límites que impone
  la ciudad acerca nuevos elementos que se incorporan al nuevo
  concepto de límite, siempre reformulándose. Será de carácter
  conceptual.

- La ocupación de nuevos espacios o cotas tras el límite. Será la
  extralimitación. Cualquier ubicación en el territorio fuera de la
  ciudad normalizada podría calificarse como extralimitación. Será
  de carácter espacial.

- La eliminación de los límites o su disolución. Será la deslimitación. Un ejercicio de configuración de hábitat diferentes a los
  estandarizados o seriados podría calificarse como una deslimitación. La historia de la arquitectura está llena de estos ejercicios
  de transgresión del límite por ruptura con lo anterior. Será de
  carácter temporal.

El devenir diario establece estos límites y transgresiones de forma
espontánea. Desde el comienzo de su existencia, el hombre comienza a sentir los límites y las rupturas de estos. Ya enunciábamos en
capítulos anteriores el ejercicio prístino que supone la creación de
la cabaña, ejercicio original de arquitectura que nace del sentirse
limitado, necesitado de transformar el entorno y generar un nuevo
límite externo a la propia persona pero que forme parte de ella. En este
desarrollar el nuevo límite varios autores han situado el origen propio
de la arquitectura. «El primer inventor de las artes es la necesidad, el
más ingenioso de todos los maestros y cuyas enseñanzas son las más
escuchadas. Abandonado al nacer –como dicen Lucrecio y Plinio–;

desnudo en la tierra árida; sintiendo en su exterior el frío, el calor, la humedad y los golpes de otros cuerpos, y en su interior el hambre y la sed, el hombre no podía seguir inactivo mucho tiempo. Se vio obligado a procurarse sus propios medios, y los encontró. Cuando los hubo encontrado, los perfeccionó... [...]. Finalmente [...] se formaron con el tiempo esa serie de preceptos que denominamos Arquitectura, y que es el arte de hacer viviendas firmes, cómodas y decorosas».[192]

Muchos autores han visto en el límite —complejo y heterogéneo— uno de los elementos más importantes en la arquitectura de los que definen el espacio y concretan la realidad en un contexto en constante renovación. En este escenario, el límite se reconoce como un elemento difuso en la relación de ámbitos o disciplinas. Esta investigación establece un límite, un contexto concreto, Valparaíso en el momento de la aparición de las arquitecturas en los acantilados. Aproximarse a estas formas, lugares o contextos será aproximarse al límite. Vamos a analizar la herramienta proyectual que supone acercarse al límite basado en la arquitectura precaria de los cerros de Valparaíso. Esta herramienta se determinará a diferentes niveles. Por un lado a nivel conceptual, en el que analizaremos el límite del concepto vivienda, bien por su componente precario o por su componente complejo que pueda distorsionar el concepto. Será el análisis de la herramienta de la translimitación. Por otro lado, analizaremos lo referido a la componente espacial, la ruptura del límite de la ciudad, la ocupación de las periferias, la disolución de lo público y lo privado... Todo lo que supone la ruptura con el límite entendido como configurador de espacios. Será el ejercicio de *extralimitación*. Por último, analizaremos la herramienta proyectual que proporciona el estudio del límite desde una perspectiva física, de ruptura de modelos, incluso de riesgos de estabilidad. Será la *deslimitación*.

Junto a esta triple perspectiva de análisis de los límites surge la pregunta de Paul Ricoeur sobre el conflicto de la fragmentación en la hermenéutica, no solamente del lenguaje, sino de cualquier teoría del conocimiento. Aduciendo a la tríada preconfiguración, configuración,

[192] BATTEAUX, C., *Les Beaux-arts réduits à un meme principle*, op. cit.

reconfiguración, podremos dirigir nuestra atención a todo el proceso de creación y no solo a la realidad materializada que, a fin de cuentas, no significa nada sin el ejercicio de habitación del hombre, en el sentido que le es asignada por el individuo y la sociedad a la que pertenece, como dice el propio Ricoeur, «el texto no está hecho, se hace, en el encuentro de el enunciado y el receptor».[193]

«Tal como indicaba G. Gadamer la solución arquitectónica justa, bella y exacta (feliz) es la que soluciona simultáneamente el objeto en sí y su relación con el contexto, de tal manera, que el contexto antes y después de la construcción del nuevo objeto justifica "felizmente" la forma de este. Esta "felicidad" en lo estético, en lo ético y en lo científico de la arquitectura se manifiesta en la permeabilidad y inversión entre objetos y contextos, hasta el punto en que las diferencias entre el antes y el después, entre el olvido y el recuerdo, lejos de interferir y dificultarla calidad de la arquitectura global resultante, consiguen una articulación cualificada y viva. Esto es lo que defiendo con la memoria "dialógica", abierta a la memoria justa, bella y exacta, y cerrada a la memoria patológica de la imitación (olvido cero) o de la indiferencia al contexto (olvido infinito). Como indica Paul Ricoeur, calibrar el olvido justo y necesario es la base de una buena memoria».[194]

Por un lado, la *prefiguración* lleva en sí todas las preexistencias, todas las posibilidades que entraña el lugar, las posibilidades del mundo socialmente creado, con un contexto histórico concreto. Corresponde al momento original del habitar, «toda historia de vida se desarrolla en un espacio de vida [...] el espacio construido consiste en un espacio de gestos, de ritos destinado a las mayores interacciones de la vida. Los lugares son sitio donde cualquier cosa sucede, cualquier cosa se produce».[195] Este primer momento atenderá a lo más intrínseco de las necesidades del habitar con relación al lugar,

[193] RICOEUR, P., *Crítica y convicción*, Síntesis, Madrid, 2003, p. 51.

[194] MUNTAÑOLA, Josep, "Arquitectura, proyecto y memoria", op. cit. p. 2.

[195] RICOEUR, Paul, op. cit, p. 57.

atenderá a lo más prístino, un acercamiento desde la perspectiva exterior (ver) y un acercamiento desde el propio contexto (estar).

En segundo lugar, ponemos el foco de atención en la *configuración* como proceso intermedio, pero con una fuerte acción creadora. Es el momento procesual donde se genera la actividad arquitectónica, se hace arquitectura tras una síntesis espacial de lo analizado anteriormente. Después de haber aprehendido el contexto y haberlo entendido surgen los acercamientos materializados. Tras este segundo momento, el hombre se sentirá parte del contexto. Aquí se darán dos acciones exógenas al hombre aunque serán dos exterioridades suyas, la detención en un punto y la modificación de este estando, habitando.

En un tercer nivel de acercamiento al proceso de ocupación del acantilado estaría la *refiguración*, punto en el que la arquitectura generada en los momentos anteriores se pone en marcha, con la particularidad de que en el acantilado lo hace diluyendo los límites y fundiéndose. Será el momento de mayor interacción en el que la suma de estas actividades individualizadas formen un *unicum*.

Todos estos caracteres configuradores de la arquitectura del acantilado irán mostrando, uno a uno, los límites que la articulan. Esta actitud transgresora de suma de rupturas de límites, conceptualmente podría acercarnos a la tautología de hablar de la suma de ilimitaciones como la arquitectura ilimitada, según la lógica de Karl Jasper en su *Operación filosófica fundamental*. No sería una paradoja ni una contradicción hablar de una arquitectura que se asoma al infinito por sus muchas concepciones, partiendo de la suma de transgresiones de lo finito hasta acabar formalizada en un acantilado, observadora pasiva del infinito. Por lógica aristotélica, bajo la premisa de suma de ejercicios de infinito, el silogismo hipotético acabaría concluyendo una arquitectura infinita o, por lo menos, ilimitada.

El límite ha sido conceptualizado y asimilado de diferentes y diversas manera a lo largo de la historia del hombre. Desde la identificación del límite con el muro,[196] con un umbral a atravesar, o incluso con la

---

[196] APARICIO, Jesús María, *El muro*, op. cit.

Oteiza. Arista Vacía.
Museo Español de Arte
Contemporáneo.

muerte. Pero siempre un límite con una posibilidad de transgresión y con una pregunta: ¿Qué habrá al otro lado? Este ejercicio de mirar el límite para ser eliminado será parte de numerosos trabajos, desde disciplinas como la escultura, la pintura o la arquitectura.

Bajo el título *Los límites de la transparencia*, la Fundación Canal organizó una exposición de algunas obras de Jorge Oteiza en que se trataba de «explicar la evolución de Jorge Oteiza, de su investigación y cómo él va pasando de la estatua masiva a la estatua ligera, liviana, la estatua energía»,[197] aunque realmente el artista a través de estas esculturas estaba consiguiendo los límites de la obra que relaciona el espacio interior con el espacio en el que se inserta, subrayando el lugar y el límite que supone insertar un artificio, un límite generado de espacio. Desde el pensamiento de Gadamer, se puede afirmar que ya no estamos ante «formas comunes para contenidos comunes»,[198] sino ante nuevas formas de expresión surgidas desde el traspaso de nuevos límites, capaces de abarcar complejos temas que requieren una profunda reflexión y justificación, tal como sucede por ejemplo con el Arte Destructivo. En este caso, ya no es posible decir que estamos ante una obra de arte, sino más bien ante una manifestación o denuncia que nos invita a pensar, produciéndose allí el atractivo principal. Como sugiere Eugenio Trías[199] en su lógica del límite «esta estética del límite introduce, un nuevo criterio de división que desestima la pertinencia de otras divisiones y de sus correspondientes criterios estéticos. Divide las artes en artes instaladas en la frontera, o artes de la frontera, que dan figura, forma y sentido (logos) a ésta, y en artes mundanas o mundanales (artes apofánticas), las que saltan del ambiente (Umwelt) al mundo mismo [...] ese mundo deber ser conformado por las artes ambientales que desbrozan el ambiente, la atmósfera de lo ambiental, es decir, la arquitectura y la música, verdaderas nodrizas respectivas de la pintura y de las artes del lenguaje».

La importancia de analizar las arquitecturas de los cerros de Valparaíso desde una perspectiva del límite radica en poder acercarnos reconociendo, en primer lugar, al límite con capacidad de *proyectación* suficiente para transformar tipologías arquitectónicas; en segundo lugar, ver en el acantilado el lugar de nuevas génesis arquitectónicas; y, en tercer lugar observar el cambio en el constructo

[197] OTEIZA, P., Fragmento de la presentación de la exposición "Los límites de la transparencia". Fundación Canal Madrid. 2010.

[198] GADAMER, H. *La actualidad de lo bello*, Buenos Aires: Ed. Paidós, 2005, p. 102.

social que implica derivando en la formalización de la ciudad que hoy conocemos. Transgredir el límite lleva consigo también cierto valor heroico, valor que se le reconocen a estas arquitecturas y a este periodo histórico de la ciudad.

La ciudad de los cerros es en sí misma, desde su génesis, un límite. En primer lugar, en lo topográfico: una ciudad rodeada por un lado de cerros y por otro lado por el océano. En segundo lugar, en cuanto a la condición de ingravidez que demanda el acantilado para poder ser habitado, ingravidez que se transforma en límite, límite en arquitecturas informales. La condición de premura se transformará en otro límite, el de la habitabilidad, con condiciones precarias y, en muchos casos, insalubres: «Es esta relación la que se desarrolla; la relación de borde como el límite interior de la ciudad, el límite que durante todo el crecimiento de la ciudad ha ido avanzando trepando por las laderas hasta alcanzar las cotas más altas del territorio de la ciudad, bajo una verdadera manifestación de urbanismo y arquitectura vernacular o auto construida, y que finalmente han sido absorbidos por la ciudad, y consolidados como ejemplos de la singularidad natural de Valparaíso».[200]

¿Qué ocurre cuando los límites se desbordan? Los límites urbanos generan periferias, el artificio más recóndito se hace habitación, lo privado se desdibuja y convive con lo público, lo complejo roza el caos y lo estable queda a merced del viento. Valparaíso dibujará un acantilado desbordado, ilimitado, sin límite. Los diferentes límites que acaban identificando las arquitecturas del acantilado serán una suma de ejercicios con cierto carácter reivindicador, de romper con lo establecido, de desencuentro con lo socialmente reconocido. Quizá sea esta génesis, así como su aparición en un contexto de revoluciones sociales, lo que haya marcado estas áreas como zonas

---

[199] TRIAS, E., IV. Estética del límite. En: TRIAS, E. (ed.). *Lógica del límite*. Barcelona: Ediciones Destino, 1991.

[200] PUENTES, M., "Periferias interiores: un elogio a los otros bordes de Valparaíso", en *Revista 180*, n° 24, Facultad de Arquitectura, Arte y Diseño, Universidad Diego Portales. Santiago, 2009, pp. 56-59.

de transgresión. Cada uno de los límites debe ser abordado desde esta triple perspectiva. Por un lado un acercamiento al límite en sí, su significado, su ser y razón de su génesis en el contexto de Valparaíso y, concretamente, en los cerros. Neruda lo definirá a la perfección. «Las cumbres de Valparaíso decidieron descolgar a sus hombres, soltar las casas desde arriba para que éstas titubearan en los barrancos que tiñe de rojo la greda, de dorado los dedales de oro, de verde huraño la naturaleza silvestre. Pero las casas y los hombres se agarraron a la altura, se enroscaron, se clavaron, se atormentaron, se dispusieron a lo vertical, se colgaron con dientes y uñas de cada abismo. El puerto es un debate entre el mar y la naturaleza evasiva de las cordilleras. Pero en la lucha fue ganando el hombre. Los cerros y la plenitud marina conformaron la ciudad, y la hicieron uniforme, no como un cuartel, sino con la disparidad de la primavera, con su contradicción de pinturas, con su energía sonora. Las casas se hicieron colores: se juntaron en ellas el amaranto y el amarillo, el carmín y el cobalto, el verde y el purpúreo. Así cumplió Valparaíso su misión de puerto verdadero, de navío encallado pero viviente, de naves con sus banderas al viento. El viento del Océano Mayor merecía una ciudad de banderas».[201]

El hábitat del acantilado, como cualquier proceso de habitación límite, ha llevado implícito un ejercicio de selección, ejercicio caracterizado por la evolución tipológica, en todos sus elementos, desde la estructura, materiales, etc. Estas modificaciones no han sido recorridos tranquilos. Como cualquier evolución no ensayada, el devenir del tiempo, unido a las propias catástrofes, ha sido el ensayo que han ido alterando la composición genética del propio hábitat. Aquí radica el paralelismo entre el proceso selectivo darwinista y el proceso de adaptación al hábitat del acantilado. Sintéticamente, la selección natural es la base de todo el cambio evolutivo; es el proceso a través del cual, los organismos mejor adaptados desplazan a los menos adaptados mediante la acumulación lenta de cambios genéticos favorables en la población a lo largo de las generaciones.

[201] NERUDA, P., *Confieso que he vivido*. Pehuén Editores, Santiago, 2005, p. 89.

Cuando la selección natural funciona sobre un número extremadamente grande de generaciones puede dar lugar a la formación de la nueva especie. El límite genera nuevas especies. De igual manera, las arquitecturas no adaptadas al medio, sobre todo las provenientes de tradiciones rurales, o incluso las importadas de culturas occidentales, irán siendo desplazadas por otras arquitecturas propias del acantilado, arquitecturas con elementos modificados, arquitecturas de un hábitat propio: el acantilado de Valparaíso.

En todo caso, conviene no forzar en exceso las semejanzas. Bruno Zevi[202] nos previno frente al equívoco evolucionista de la historiografía arquitectónica y Peter Collins[203] nos advirtió sobre los riesgos de la *analogía biológica* que inspiró a Viollet-le-Duc, a Semper y al *form follows function* de Sullivan, por más que al tiempo destacara la fertilidad de una comparación que daba especial importancia a la relación entre los organismos y el ambiente.

EL HÁBITAT VERTICAL

«—En ese caso, ¿quieres que comencemos examinando esto por medio del método acostumbrado? Pues creo que acostumbrábamos a postular una Idea única para cada multiplicidad de cosas a las que damos el mismo nombre. ¿O no me entiendes?

—Sí, te entiendo.

—Tomemos ahora la multiplicidad que prefieras. Por ejemplo, si te parece bien, hay muchas camas y mesas.

—Claro que sí.

[202] ZEVI, B., *Saber ver la arquitectura*. Apóstrofe, Madrid, 1998.

[203] COLLINS, P., *Los ideales de la arquitectura moderna; su evolución (1750-1950)*, Gustavo Gili, Barcelona, 1977 (1ª edición: 1965).

Como sugiere Platón, establecemos que la idea de casa sí está en la cabeza de la persona que autoconstruyó estas arquitecturas en el acantilado porteño. Pero lo limitado de las condiciones físicas y topográficas hizo modificar ese concepto en las arquitecturas que hoy conocemos. ¿Sintetizan estas la idea de casa? ¿Hay una noción de hábitat sobre la que pueda inspirarse el *artesano* para formular el espacio habitable? Vamos a ir trazando los elementos que participan (en el sentido aristotélico) de la idea de hábitat colectivo y que ayudan a establecerlo como habitable.

Desgranaremos los elementos que han hecho que ese espacio dejara de ser una idea para ser una realidad en la cual se vive y se habita; un límite en el cual se concreta, o se intenta indefinidamente concretar. A la idea de espacio habitable sucede la plástica de llenos y vacíos. El cuerpo más alto compensa, mediante la pared curva, el ancho del cuerpo más bajo, y el ritmo espacial no está ya determinado por el calculado equilibrio de esfuerzos, sino por los materiales existentes y la capacidad de conformarlos creando espacio. Desde la primera idea del edificio de la Bauhaus en Dessau (la obra maestra de Gropius y de la arquitectura contemporánea) el urbanismo se ha concebido como la arquitectura —en su sentido más originario— de una sociedad activa y operante, en progreso. Del mismo modo, la vuelta a la monumentalidad —que quizá podamos ver en el talento épico y megalómano de algunas de estas construcciones en el acantilado—, como lúcido diagnóstico de una época de crisis profunda,

---

[204] PLATÓN, *Diálogos. República X*, 596b.

nos recuerda que el urbanismo nace de esa contradicción. Desde la mitología naturalista de Wright a la mitología de Van Doesburg, la ilimitada fenomenología de la constructividad nos ha mostrado cómo la forma es, tal como Kant había anunciado, el medio por el que se expresa el arte y, por consiguiente, la Arquitectura. ¿Qué habrá expresado por tanto la arquitectura en estas construcciones? Sin entrar en una búsqueda de la razón pura kantiana, poseedora de la génesis conceptual, describiremos los elementos que confluyen en un contexto concreto y que, a modo de materiales cromosómicos, acabarán materializando la *arquitectura del acantilado*.

El hábitat colectivo en las laderas y acantilados se fue configurando singularmente en estas arquitecturas experimentales, las cuales, con mentalidad higienista, eran vistas desde el Plan de Valparaíso como tugurios, sin responder tipológicamente a la arquitectura que dicho término hace referencia.[205] No obstante, estas construcciones fueron generando caracteres identitarios propios y desarrollando el modo del *hábitat colectivo acantilado*, lo que se ha denominado como *hábitat vertical*. Este concepto puede parecer que hace referencia a la arquitectura vertical a la que se refiere Sergio Alfonso Ballén cuando analiza la vivienda social en altura y más concretamente el caso de Bogotá,[206] pero no es así. El uso del concepto hábitat vertical se viene aplicando desde los estudios de Hilberseimer en su *ciudad vertical* o de Le Corbusier en *La ciudad contemporánea para tres millones de habitantes*, quienes hablan ya de una verticalidad de optimización de suelo, de un concepto de seriación y homogeneización tipológica y de unas nuevas tecnologías aplicadas. El concepto hábitat vertical será antagónico: frente a la seriación planteará especificidad; frente a nuevas tecnologías, el uso de elementos tradicionales; frente a la potenciación de la individualidad, explotará el hábitat colectivo. Hablar por tanto de lo vertical puede llevarnos a la lectura usualmen-

[205] HALPERN, M., "El manto mítico", en: *Otros modos de habitar. Reflexiones*. Ediciones Universidad Central, Santiago, 2004.

[206] BALLÉN, S. A., *Vivienda social en altura. Tipologías urbanas y directrices de producción en Bogotá*. Universidad Nacional de Colombia, Bogotá, 2009.

te reconocida. Ejemplo de esto puede ser la obra de Javier Torres de Ugarte *La ciudad vertical*,[207] novela de ciencia ficción ambientada en un tiempo futuro y lejano donde, tras varias catástrofes medioambientales, los humanos han abandonado definitivamente la naturaleza para vivir en la altura. En la novela se describen maravillosos paisajes urbanos futuristas en los que podemos ver influencias cinematrográficas, desde *Metrópolis*[208] de Fritz Lang hasta *Matrix*[209] o *Blade Runner*.[210] En cuanto a las referencias literarias, *La ciudad vertical* tiene algo de historia épica, pero bajo la acción, el misterio y las aventuras, subyacen conceptos vistos en otras creaciones literarias como *Un mundo feliz* de Aldous Huxley,[211] *La República* de Platón o *En busca del tiempo perdido* de Marcel Proust.[212]

Por lo tanto, la pregunta de qué es lo que hace específico el hábitat vertical de los cerros de Valparaíso encuentra su respuesta en todos los elementos que configuran estas construcciones que fueron llamadas conventillos como sinónimo de arquitecturas caóticas y desordenadas. No desarrollar la exégesis de estos elementos, configuradores de la realidad en el contexto del hábitat en el acantilado de la ciudad de Valparaíso, acercaría esta reflexión al análisis de laboratorio, desposeído de cualquier vínculo que trascienda lo meramente arquitectónico. Por lo tanto, caracterizar estas arquitecturas será parte esencial. La arquitectura en la contemporaneidad pasa por el reconocimiento de identidades que personalicen el hábitat, los contextos... los lugares. Sobradamente hemos experimentado como el *no lugar* ha dado paso al desenraizamiento, la pérdida de

[207] TORRES, J., *La ciudad vertical*, Editorial Atlantis, Madrid, 2011.

[208] LANG, F., *Metrópolis* [película], 123 min. Universum Film AG, Alemania, 1927.

[209] WACHOWSKI, L., WACHOWSKY, A. P., *Matrix* [película], 131 min. Joel Silver prod., EEUU, 1999.

[210] SCOTT, R., *Blade Runner* [película], 117 min. Michael Deeley prod., EEUU, 1982.

[211] HUXLEY, A., *Un mundo feliz*, Debolsillo, Madrid, 2014.

[212] PROUST, M., *En busca del tiempo perdido*, Lumen, Madrid, 2000.

Cartel *Metrópolis*. Fritz Lang. 1927.

memoria colectiva como elemento patrimonial y humanizador que
deja al hombre sin memoria del pasado para, en su soledad, mirar
al futuro. En este sentido, Lina Bo Bardi lo explicita así: «Si fuera
necesaria una definición de arquitectura [...] sería quizás la de una
aventura en la cual el hombre es llamado a participar como actor,
íntimamente; a definir la no gratuidad de la creación arquitectónica,
su absoluta adherencia al útil, [...] pero no por esto menos ligada al
hombre "actor"; quizás esta pueda ser, siempre que sea necesaria,
una definición de arquitectura. Una aventura estrictamente ligada al

Fotograma *Blade Runner*. Ridley Scott. 1982.

hombre, vivo y verdadero».[213] Lina Bo Bardi sugiere que el individuo
es el verdadero protagonista de la aventura arquitectónica. No es el
hombre ideal, sino el hombre real, con necesidades vitales, que participa cotidianamente de la experiencia del pasear, recorrer, habitar...
la arquitectura. Será precisamente el hecho de surgir de la realidad
personal de cada individuo y de unas necesidades concretas lo que
le confiera el hecho singularizador.

Los diferentes elementos que configuran estas arquitecturas se
podrían separar entre elementos arquitectónicos y elementos
proyectuales. Los primeros son todos los que harán referencia a
cuestiones *de facto*, materializadas, analizadas y visualizadas. Los
segundos podríamos denominarlos *de iure*, reconocidos por el
colectivo social aunque no explicitados formalmente *a priori.* Todos

[213] BO BARDI, L., *Segunda conferencia en la EBAUB*. Salvador, texto no publicado,
Arquivo ILBPMB, 1958. p. 2. Texto original en italiano.

Le Corbusier en Le Cabanon.

ellos materializarán el hecho arquitectónico de habitar el acantilado y, configurados de una manera u otra, serán capaces de establecer diferentes modelos constructivos. Cuando Le Corbusier configuró en Cap Martin el *Cabanon* en torno a tres elementos —horizonte, árbol y roca—, los significó abriendo leves ventanas a cada uno de ellos. Las ventanas tienen una condición particular, no generan vistas sobre el paisaje, se concentran más bien en aspectos materiales o primarios del entorno; son pequeñas ventanas desde donde se ven partes aisladas: una roca, un árbol y el horizonte; materiales primarios y básicos de la composición *corbuseriana*: piedra, madera, agua y aire. Las arquitecturas de los cerros de Valparaíso también basan su exterioridad al lugar, un lugar en el que el horizonte será lo que marque el hecho arquitectónico: «En los espectáculos arquitectónicos, los elementos del lugar intervienen en virtud de su volumen cúbico, de su densidad, de la calidad de su materia, y son portadores de sensaciones bien definidas y bien diferentes (madera, mármol, árbol, césped, horizontes azules, mar cercano o lejano, cielo). Los elementos se elevan como muros ataviados en potencia de su coeficiente cúbico, estratificación, materia, etc., como los muros de una sala. Muros y luz, sombra o luz, triste, alegre o sereno. Hay que componer con estos elementos».[214]

Lo rústico de las imágenes que generan estas construcciones contrastará con la abstracción que supone hacer una arquitectura que mira al mar. Y es que solo la arquitectura ubicada en el acantilado puede hacerlo. Las arquitecturas vinculadas a las costas interaccionarán de otras formas pero solamente la del acantilado se dedicará a observarlo. El *Cabanon*,[215] en contraste con lo que su aspecto indica, fue completamente prefabricado y minuciosamente supervisado por

---

[214] LE CORBUSIER, *Hacia una arquitectura*, Apóstrofe, Madrid, 2006.

[215] Su fabricación se realizó en los talleres de Barberis en Ajaccio, en Córcega. Fue transportado en piezas por vía marítima desde Ajaccio y luego por tren hasta la estación de Cap-Martin. Rebutato se encargó del transporte de las piezas hasta el terreno de La Estrella de Mar. El montaje fue realizado por Barberis y un ayudante bajo la supervisión de Jacques Michel, representando a Le Corbusier.

el arquitecto. Ningún elemento fue casual. En las construcciones que analizamos el azar tendrá una gran relevancia. Ni la determinación del lugar previo, ni la elección de materiales, ni la dimensión de los espacios y, ni mucho menos, la ayuda o participación de técnicos hicieron de las construcciones denominadas *conventillos* algo que se pueda parecer en la realidad física al *Cabanon*, pero sí en la realidad compositiva. Aparece un elemento sobre el que concentrar toda la tensión compositiva: el horizonte marcado por el acantilado. Si en la construcción corbuseriana se generaba una confrontación entre el mundo rústico —vinculado a la selva o perteneciente a un mundo básico, casi instintivo, basado en una arquitectura vernácula— y un interior más refinado —que pertenece, claramente, a un mundo altamente intelectualizado (por sus colores, proporciones, ergonometría, plan, simbolismo y sistema constructivo)— las construcciones porteñas no darán lugar a este tipo de tensión. Tendrán una correlación exacta del interior con el exterior, no solamente en lo material, sino también en lo espacial. Continuando con la comparación con el Cabanon, si como dice Philippe Blanc,[216] la cabaña de Le Corbusier actualmente ha generado cierta ironía al sobrevivir el exterior «con mayor prestancia, en contraste con un interior más bien deteriorado»,[217] las construcciones porteñas desarrollarán un deterioro o, mejor dicho, una evolución sistemática en toda la construcción.

La génesis de la cabaña no corresponderá a la de estas construcciones en los cerros de Valparaíso, o por lo menos en parte, ya que se irá simultaneando no solamente el desarrollo estereotómico sino también el tectónico. Sería a nuestro juicio, la perfecta unión entre la cabaña y la cueva descrita por Alberto Campo Baeza. «Se entiende por arquitectura estereotómica aquélla en que la fuerza de la gravedad se transmite de una manera continua, en un sistema estructural continuo y donde la continuidad constructiva es completa. Es la arquitectura masiva, pétrea, pesante. La que se asienta sobre la tierra como si de

---

[216] LE CORBUSIER y BLANC, P., "Cabanon: Roquebrune-Cap-Martin, Francia", en *ARQ* (Santiago) [online]. 2007, n. 66 [citado 2014-01-24], pp. 88-93.

[217] Ibídem.

ella naciera. Es la arquitectura que busca la luz, que perfora sus muros para que la luz entre en ella. Es la arquitectura del podio, del basamento, del estilóbato. Es para resumirlo, la arquitectura de la cueva.

Se entiende por arquitectura tectónica aquélla en que la fuerza de la gravedad se transmite de una manera sincopada, en un sistema estructural con nudos, con juntas, y donde la construcción es articulada. Es la arquitectura ósea, leñosa, ligera. La que se posa sobre la tierra como alzándose de puntillas. Es la arquitectura que se defiende de la luz, que tiene que ir velando sus huecos para poder controlar la luz que la inunda. Es la arquitectura de la cáscara. La del ábaco. Es, para resumirlo, la arquitectura de la cabaña».[218]

Los elementos que configuran estas construcciones guardan entre ellos ciertas relaciones de oposición, generando una arquitectura tensionada, patente en binomios como: muro frente a efímero, patio frente a sombra o público frente a barrios. Dentro de la búsqueda de los caracteres configuradores de la identidad del hábitat vertical, la arquitectura ocupará un papel importante, por un lado, por el poder de influencia en la configuración de la identidad del acantilado y, por otro, por la capacidad del hombre de proyectar su identidad en la arquitectura del lugar.

[218] CAMPO BAEZA, A., *Pensar con las manos*, op. cit.

INVESTIGAR, APREHENDER E INTERVENIR

(Fragmento de una conferencia impartida en la
Escuela de Arquitectura y Diseño de
la Pontificia Universidad Católica de Valparaíso)

Hace un tiempo le escuché una expresión a un compañero que empezó a preocuparme. «Los arquitectos comenzamos a ser un mal innecesario». Lejos de entrar dentro del debate de si tenía o no razón, sí es cierto que así lo muestra la sociedad. No soy pesimista, o por lo menos no me considero tal, ni en lo personal ni mucho menos en el panorama del ejercicio de la profesión, pero siempre he intentado no engañarme. Por un momento quise centrarme en esa afirmación y analizar qué de verdad contenía.

0.

Los arquitectos nos hemos ido separando de la sociedad, no conocemos los problemas que le afectan en nuestros días y mucho menos a cuál de ellos podría dar la arquitectura solución. Si la arquitectura tiene sentido es para servir a la sociedad en la que le ha tocado vivir. Por el contrario, hemos ido generando unos vocabularios específicos acompañados de preocupaciones que solo nos importan a nosotros, abriendo una brecha insalvable entre el hombre y la arquitectura. Así, los estudios, lejos de ser núcleos de pensamiento por y para el hombre se han transformado en laboratorios de formas en los que conseguir una imagen novedosa es el centro desde lo que todo pivota. Secciones novedosas, software de última generación, bases de datos con matrices exponenciales... cualquier excusa para justificar un alzado que quisiéramos ver en portada de una revista, pero no ocupado y bien vivido por el hombre. Frente a ello, la *lógica del artesano*, la búsqueda y la opción por pequeños estudios que sepan y quieran resolver las contingencias diarias que el hombre plantea a la arquitectura, la preocupación por el lugar, el presupuesto, la historia (del lugar y de la propia arquitectura), etc.

1.

La comodidad de la apariencia ha relegado las cuestiones profundas. Hemos dejado el ser para *parecer*. Sin entrar en cuestiones ontológicas ni parmenidianas, hemos abandonado el estudio profundo y la búsqueda de las razones últimas de nuestra disciplina

para llenarnos de cuestiones de escaparate figurativo, en las que
la mera apariencia justifica nuestro débil discurso. Como subrayan
muchos autores, hemos perfeccionado la caligrafía para perder
todos los contenidos. Lo triste de este panorama es que centrar
nuestros esfuerzos en el parecer nos ha llevado a perder nuestros
fundamentos. Sin entrar en detalle, vemos atónicos cómo la mayor
parte de las arquitecturas más publicadas son ejercicios que un
buen diseñador gráfico podría hacer y que, en muchos casos forman
parte de la tramoya del espectáculo de videojuegos y arquitecturas
virtuales. No hacemos una arquitectura que sirva al hombre, hacemos una apariencia para el hombre. Nuevamente, apariencia.

2.

La sociedad contemporánea deja un espacio en la prensa a los
arquitectos, pero no para ocupar el lugar que realmente deberían.
Nunca como ahora se nos había visto tanto y nunca como ahora se
nos ha denostado tanto. Así, por ejemplo, vemos a muchos de nuestros compañeros enzarzados en eternos debates sobre actuaciones
lícitas o ilícitas. La arquitectura está muy presente pero superficial-
mente. Nos estamos acostumbrando a ponernos de canto ante los
problemas que realmente preocupan al hombre y hemos renunciado
a nuestra presencia en todos los foros de debate. La sociedad, simplemente, nos está pagando con la misma falta de implicación con
la que nosotros andamos por el mundo. Vamos a remolque y solo
ofrecemos lo mínimo que la sociedad demanda. En una sociedad del
espectáculo, de la imagen y del confort, solamente salen de nuestros
estudios proyectos hedonistas que no hacen más que redundar en
lo mismo. Lejos quedan los años en los que el arquitecto iba delante
de la sociedad. Dicho esto, me planteo: ¿Qué tendría la arquitectura
pasada para ser vanguardia en su contexto histórico? Antonio di
Tuccio Manetti, biógrafo de Filippo Brunelleschi, lo resumía en tres
cualidades: sensibilidad, audacia y capacidad de trabajo y estudio.
Sensibilidad para poder extraer las necesidades más profundas del
hombre y de la sociedad. Audacia como la capacidad que necesita el
arquitecto para proyectar arquitecturas poco comunes, teniendo la
certeza y la convicción firme de qué es lo que realmente necesita el

hombre, aunque eso le suponga ir contra corriente. Y la capacidad de trabajo y estudio como la cualidad que hará estar al arquitecto siempre alerta en el contexto que le toque vivir.

3.

Zapatero a tus zapatos. Este refrán me lo decía mi madre cuando yo opinaba de algo de lo que realmente no tenía ni idea. Pues eso nos está pasando. Para justificar nuestros proyectos tocamos todas las disciplinas ajenas a la arquitectura que muchas veces hasta creemos que llegamos a dominar y abandonamos o desoímos elementos tan importantes como la luz, la gravedad, los materiales, etc... No. Ahora nos regodeamos en argumentos que solamente entendemos nosotros y que no importan a nadie. Recuerdo una conferencia de Mangado cuando decía: «damos risa cuando hablamos de economía, sociedad o filosofía para justificar nuestros proyectos refigurados, dándonoslas de economistas, sociólogos o filósofos».[219] Por el contrario, hemos abandonado todo lo que nos es propio, todo sobre lo que realmente podríamos hablar. Aprovecho para reivindicar el oficio del arquitecto, lo único que podemos dar, lo que realmente nos es propio, nuestra preocupación por resolver los espacios cotidianos del hombre, el contexto, nuestro compromiso social. Y es que el debilitamiento de nuestra disciplina ha venido en cierta medida debido al intento por introducir discursos ajenos so pretexto de la tan manida justificación de la interdisciplinariedad. Y aquí, permítanme otro refrán muy castizo, aquel que hablar de ser un *maestro liendre, que de todo sabe pero de nada entiende.* Cuando deberíamos estar eufóricos por ver cómo de nuestras escuelas españolas salen si me apuran, posiblemente, los arquitectos mejor preparados del mundo, asistimos atónitos al proceso de debilitamiento de la razón de ser de nuestra disciplina.

Frente a este panorama, que muchos se atreven a calificar de desolador, qué podemos ofrecer. Me atrevo a reivindicar tres palabras que deben formar parte de nuestro argot y que, paulatinamente, han ido desapareciendo: INVESTIGAR – APREHENDER – INTERVENIR.

[219] Trascripción de unos apuntes tomados de la conferencia.

1.

INVESTIGAR: Investigar supone, en primera instancia, apostar por
el discurso que realmente es propio a la arquitectura. Investigar
supone delimitar nítidamente cuál es nuestro ámbito, afianzándolo y
conociendo perfectamente nuestras competencias para, desde ese
posicionamiento firme, poder entrar a discurso o debate con otras
disciplinas. Investigar profundamente y concienzudamente sobre
arquitectura. Investigar será, por tanto, cualificar discursos que par-
tirán del trabajo serio y riguroso. La sociedad no necesita más argumentos superficiales.

2.

APREHENDER: Extraer de lo aprendido todo el conocimiento posible desde el propio planteamiento hasta la solución dada (técnicas,
materiales, formas) y, desde ahí, poder establecer una posición crítica. No inventamos nada nuevo, simplemente lo hacemos jugar de
diferente manera. El artesano perfeccionará la técnica heredada y le
sacará partido de nuevas formas. El arquitecto tiene que volver a ser
artesano, no inventor. Una vez extraídos esos conocimientos tanto
de la disciplina como de la sociedad, el arquitecto jamás se confor-
mará con lo demandado, irá siempre por delante. «Cuando una cosa
responde a una necesidad no por esto es bella: satisface toda una
parte de nuestro espíritu, la primera parte, aquella sin la cual no hay
satisfacciones ulteriores posibles. Restablezcamos esta cronología.
La arquitectura tiene otros fines y otros principios que los de hacer
resaltar las construcciones y responder a necesidades (necesidades adquiridas en el sentido, aquí sobreentendido, de utilidad, de
confort, de disposición práctica). La arquitectura es el arte por excelencia, que llega al estado de grandeza platónica, orden matemático,
especulación, percepción de la armonía mediante las relaciones
conmovedoras. He aquí el FIN de la arquitectura».[220]

[220] LE CORBUSIER (1928) [1923]. *Vers une architecture*. Paris: G. Crés et cie, pp. 86-87.

3.

INTERVENIR: Una vez investigado, extraído el aprendizaje e incorporado, toca pensar, proyectar e intervenir. La figura del artesano será la que nos muestre que solo el trabajo silencioso, tranquilo, riguroso y concienzudo, podrá transformar la arquitectura actual, y por tanto la sociedad. «Los cartaginenses habían fijado su campamento con el objetivo de iniciar el ataque a Cádiz. Previamente se habían apoderado ya de una fortaleza que intentaron demoler por todos los medios; como no poseían instrumentos de hierro suficientes y capaces para lograr su objetivo, tomaron un madero y, sosteniéndolo con sus manos, consiguieron derribar las filas más altas de piedras: con este sistema, poco a poco y siguiendo un orden, derrumbaron toda la fortificación. Poco después, un artesano de Tiro, llamado Pefrasmeno, estimulado por el descubrimiento de este ingenio, puso en vertical un mástil y colgó de él otro madero atravesado, imitando una balanza; llevándolo hacia adelante y hacia atrás, con golpes violentos derribó todo el muro de Cádiz».[221]

El servicio del arquitecto artesano será el de buscar la belleza para que el hombre se sienta *a gusto* donde vive, donde pasea, donde estudia, donde compra, donde ora, donde descansa o, incluso, donde muere. El artesano, que dejará de ser una mera cuestión profesional para ser una opción vocacional, muestra el papel más acertado que a mi juicio demanda la sociedad contemporánea. Creo que una de las mejores definiciones de artesano, si no la mejor, sería la que nos da Álvaro Siza: «Todo lo que piensa o siente queda plasmado en la materia, como ocurre a un escultor (a alguno). Ya sea piedra o hierro, ladrillo, madera o argamasa. Además: todo lo que hace nos protege. El sol y la tempestad no asustan. En lo que hace no se ve como el poeta que es. Solo repite, diseñando con un gesto inmemorial, desdeñándose a sí mismo. Así, a intervalos, cuando es absolutamente necesario y mil bocas lo piden –crea, súbitamente volando».[222] Así, será el arquitecto artesano, el que piensa, siente y crea.

[221] VITRUVIO, *Libro 10*.13.1-3 (Trad. J.L. Oliver).

[222] SIZA, A., *Álvaro Siza textos*, op. cit., p. 223.

POST SCRIPTUM

Este texto, *Más allá de la imagen*, ha sido terminado en Porcuna, mi pueblo, durante unos días de vacaciones estivales. Siempre, tanto en mis conferencias como en las clases de la universidad, suelo comentar algún libro o compartir qué estoy leyendo en ese momento. En este caso no va a ser diferente. Me gustaría recomendar una obra que leo y releo muchas veces. *Cartas a un joven poeta* de Rainier María Rilke. Su brevedad lo hace si cabe más intenso. Además, hay un fragmento en concreto que, de forma especial, me ha acompañado durante el proceso de revisión de este libro y que ahora lo transcribo aquí como el mejor de los epílogos:

«Por ser usted tan joven, estimado señor, y por hallarse tan lejos aún de todo comienzo, yo querrá rogarle, como mejor sepa hacerlo, que tenga paciencia frente a todo cuanto en su corazón no esté todavía resuelto. Y procure encariñarse con las preguntas mismas, como si fuesen habitaciones cerradas o libros escritos en un idioma muy extraño. No busque de momento las respuestas que necesita. No le pueden ser dadas porque usted no sabría vivirlas aún, y se trata precisamente de vivirlo todo. Viva usted ahora sus preguntas. Tal vez, sin advertirlo siquiera, llegue así poco a poco a internarse en la respuesta anhelada y en algún día lejano se encuentre con que ya la está viviendo también. Quizá lleve usted en sí la facultad de crear y de plasmar».[223]

---

[223] RILKE, R. M., *Cartas a un joven poeta*. Alianza Editorial, Madrid, 2005.

BIBLIOGRAFÍA

AALTO, A., *Conversaciones con Alvar Aalto*. Gustavo Gili. Barcelona, 2010.

ALBERTI, L. B. *De Re Aedificatoria*. Akal. Madrid, 2007.

ALCALÁ YÁÑEZ, J. de, *Alonso, mozo de muchos amos o el Donado Hablador*. 1ª parte Madrid, 1624, 2ª parte, Valladolid, 1626. Ed. Madrid. Madrid, 1980.

APARICIO, J. M., *Construir con la razón y los sentidos.* Nobuko, Buenos Aires, 2008.

ARAVENA, A., El lugar de la arquitectura. *ARQ*, Santiago de Chile, 2002.

ARISTÓTELES, *Metafísica*, 981a30-b2.

AUGÉ, M., *El viajero subterráneo.* Editorial Gedisa, 1998.

BALLÉN, S. A., *Vivienda social en altura. Tipologías urbanas y directrices de producción en Bogotá.* Universidad Nacional de Colombia, Bogotá, 2009.

BARRAGÁN, L., *Discurso de recepción del premio Pritzker.* 1980.

BATTEAUX, C., *Les Beaux-arts réduits à un meme principle*, 2ª ed. París, 1776, p. 24-26, en: VIDLER, Anthony. Reconstruir la cabaña primitiva. El retorno a los orígenes, de Lafitau a Laugier de (ed). *El espacio de la ilustración. La teoría arquitectónica en Francia a finales del siglo XVIII*, Edición castellana Alianza editorial S.A. Madrid, 1997.

BAUDELAIRE, C., *Las flores del mal*, traducción de Luis Martínez de Merlo. Cátedra. Madrid, 1998.

BAUDRILLARD, J., "¿Verdad o radicalidad?", en: *Revista Summa*, n° 36, Buenos Aíres, 1999.

—, *La simulación del arte.* En 'La ilusión y la desilusión estéticas'. Monte Ávila Editores. Caracas, 2005.

BAUMAN, Z. *et al. Arte ¿liquido?* Sequitur. Madrid, 2010.

BENJAMIN, W., *Cartas de la época de Ibiza*. Pre-textos. Valencia, 2008.

BLOMSTEDT, A., *Pensamientos y formas.*

BO BARDI, L., *Segunda conferencia en la EBAUB*. Salvador, texto no publicado, Arquivo ILBPMB, 1958. – Texto original en italiano.

BORGES, J. L., "El instante", en: *Ficciones*. Ed. Debolsillo. Madrid, 2011.

BUENDÍA, J., *Luis Barragán*. RM. México, 2001.

CAMPO BAEZA, A., *La idea construida*. Nobuko, Buenos Aires, 2006.

—, *Principia Architectonica*. Editorial Mairea, Madrid, 2012.

—, *Establecer el orden del espacio*. Editorial Mairea, Madrid, 2013.

—, *Un arquitecto es una caja*. Nobuko, Madrid, 2013.

—, *Poetica Architectonica*. Editorial Mairea. Madrid, 2014.

—, *El sueño de la razón*. Editorial Mairea. Madrid, 2014.

CAPEL, H., *La morfología de las ciudades*. Ediciones del Serbal. Barcelona 2002.

CODERCH, J. A. *No son genios lo que necesitamos*. 1960.

COLLINS, P., *Los ideales de la arquitectura moderna; su evolución (1750-1950)*, Gustavo Gili, Barcelona, 1977 (1ª edición: 1965)

COROMINAS, J., PASCUAL, J., *Diccionario Crítico Etimológico Castellano e Hispánico*. Editorial Gredos. Madrid, 2000.

DA CUNHA, E. Arquitecturas silenciosas. *ARQ* (Santiago) [online]. 2006.

DESCARTES, R., *El discurso del método*. Alianza Editorial. Madrid, 2009.

DIDI-HUBERMAN, G., *El hombre que andaba en el color*. Adaba Editores. Madrid, 2014.

DURAO, P., "El lenguaje del silencio –y el acto creador-", en: CAMPO, A., *La estructura de la estructura*. Nobuko, Buenos Aíres, 2010.

ELGUETA, H. A., *Arquitectura Vernácula en madera en los cerros de Valparaíso*. Editorial Academia Española. Valparaíso, 2011.

FERNANDEZ-VALDERRAMA, L., *La Construcción de la mirada: tres distancias*. Universidad de Sevilla. Sevilla 2004.

FLETCHER, B., *A history of Architecture, being a comparative view of the historical styles*. Londres 1964.

FOUCAULT, M., "Bâtir Habiter Penser", en *Essais et conférences* [Vorträge und Aufsätze, 1954], trad. André Préau, Paris, Gallimard, 1958.

FRAMPTON, K, "Anti-Tábula: hacia un regionalismo crítico", en: *Revista de Occidente*, n° 42. Noviembre 1984.

—, "Towards a Critical Regionalism: Six Points for an Architecture of Resistance", en: Jencks, Charles; Kropf, Karl, *Theories and Manifestoes of Contemporary Architecture*. London: Wiley Academy. 2006.

GADAMER, H. *La actualidad de lo bello*, Buenos Aires: Ed. Paidós, 2005.

GARCÍA, F., "Borges y el Nombre de la Rosa", en: *Anales de literatura hispanoamericana*, núm. 16. Universidad Complutense. Madrid, 1987.

GARCÍA CANCLINI, N., *Museo para la globalización*. Editorial Gedisa. Barcelona, 2007.

—, *¿Los arquitectos y el espectáculo les hacen mal a los museos?*, 2010.

GONZÁLEZ, A., "Los corelianos" en: *NEUTRA*, Colegio Oficial de Arquitectos de Sevilla, n°08, Sevilla, 2002.

GOODMAN, N., *Los lenguajes del arte. Aproximación a la teoría de los símbolos*, Seix Barral, Barcelona, 1976.

GROPIUS, W., *Programa de la Bauhaus de Weimar*. 1919.

GROYS, B., *Sobre lo Nuevo. Ensayo de una economía cultural*. Pre-textos. Madrid, 2005.

GUARDA, G., *Historia urbana del Reino de Chile*, Editorial Andrés Bello, Santiago, 1979.

HALPERN, M., "El manto mítico", en: *Otros modos de habitar. Reflexiones*. Ediciones Universidad Central, Santiago, 2004.

HAN, B. C., *La sociedad del cansancio*. Herder. Madrid, 2012.

HARRIES, K., "Building and the Terror of time", en: *Perspecta. The Yale Architectural Journal*, New Haven, 1982.

HEIDEGGER, M., "Construir, Habitar, Pensar", en *Conferencias y artículos*, Ediciones de Serbal, Barcelona, 2001.

—, *¿Qué significa pensar?* Editorial Trotta. Madrid 2010.

HOLZAPFEL, C., *De cara al límite*, Ediciones Metales Pesados, Santiago, 2012.

HUXLEY, A., *Un mundo feliz*, Debolsillo, Madrid, 2014.

JIMÉNEZ, C., FERRADA, M., "Identidad topológica del patrimonio arquitectónico. Área histórica UNESCO de Valparaíso Urbano", en *URBANO*, vol. 9, núm. 14, noviembre, Universidad del Bío Bío, Santiago, 2006.

JIMENEZ, J. R., *El andarín de su órbita*. Magisterio español. Madrid, 1974.

KAHN, L. I. *Espacio, Forma, Uso*. El Croquis Editorial. Madrid 2003.

—, "Silence and light. Conferencia en el ETH de Zurich, Febrero 12, 1969", en LATOUR, A., *Louis I. Kahn: writtings, lectures, interviews*, Rizzoli International Publications, New York, 1991.

—, *I. Idea e imagen*. Xarait ediciones. Madrid, 1981.

KEMP, M., *The science of art: optical themes in western art from Brunelleschi to Seurat*. New Haven y Londres, Yale University Press, 1990.

LANG, F., *Metrópolis* [película], 123 min. Universum Film AG, Alemania, 1927.

LAO-TSE, *Tao te Ching*. Editorial Martinez Roca, Madrid, 1999.

LAPLACE, Ensayo filosófico de las probabilidades, en: GONZÁLEZ, J. L., *El taller de las ideas: diez lecciones de historia de la ciencia*. Universidad Complutense. Madrid, 2005.

LE CORBUSIER, *Hacia una arquitectura*. Poseidón, Buenos Aires, 1977.

—, *El espíritu nuevo en arquitectura*. Colección de arquitectura n. 7, Colegio Oficial de Aparejadores y Arquitectos Técnicos de la región de Murcia, Murcia, 2003.

—, y BLANC, Philippe. Cabanon: Roquebrune-Cap-Martin, Francia, en: *ARQ* (Santiago) [online]. 2007, n. 66 [citado 2014-01-24].

—, *Mise au point*. Adaba editores. Madrid, 2014.

LEIVA, M., *Arquitectura Vernácula*. Universidad de Valparaíso. Valparaíso, 2013.

LE GOFF, J., *Los Intelectuales en la Edad Media*, Gedisa, Barcelona, 1996.

LINAZASORO, J. I., *Escrito en el tiempo. Pensar la arquitectura*. Universidad de Palermo. Buenos Aires, 2003.

—, *La memoria del orden*. Abada, 2013.

LOOS, A., "Architecture 1910", en BENTON, Tim and Charlotte (eds.), *An international Anthology of Original Articles in Architecture and Design, 1890-1939*, Watson Guptill, New York, 1975.

LOREN, M., "La casa en Frigiliana", en: *Bernard Rudofsky*, Centro José Guerrero, Granada, 2014.

MACHADO, A., *Campos de Castilla*. Cátedra. Madrid, 2002.

MADERUELO, J., *El espacio raptado. Interferencias entre la escultura y la arquitectura*. Ministerio de Cultura. Madrid, 1990.

MANGADO, F., *La arquitectura necesaria*. Conferencia. Congreso Arquitectura Necesaria. Pamplona. 2014.

MANZINI, E., *Artefactos. Hacia una nueva ecología del ambiente artificial*. Celeste Ediciones. Madrid, 1992

MARCO AURELIO, *Meditaciones*, Libro 2, 10.

MATÉ, R., *A contraluz de las ideas políticamente correctas*. Anthropos. Madrid, 2005.

MOIX, Ll. *La arquitectura milagrosa. Hazañas de los arquitectos estrella en la España del Guggenheim*. Anagrama. Madrid, 2010.

MONTANER, J. M. *Ensayo sobre arquitectura moderna y lugar.* Conferencia.

MORIN, E., *El método*. Cátedra. Madrid. 2006.

—, *Pensar la complejidad*. Universidad de Valencia. Valencia, 2010.

NERUDA, P., *Confieso que he vivido*. Pehuén Editores, Santiago, 2005.

NORBERG-SCHULZ, C., *Genius Loci. Paesaggio, ambiente, architettura*, Electa. Milán, 1979.

ORTEGA Y GASSET, J., *Meditación de la técnica y otros ensayos sobre ciencia y filosofía*. Alianza editorial. Madrid, 2004.

OTEIZA, P., *Los límites de la transparencia*. Fundación Canal Madrid. 2010.

PALLASMAA, J., *Una arquitectura de la humildad*. Fundación Caja de Arquitectos. Barcelona, 2010.

—, *Conversaciones con Alvar Aalto*. Gustavo Gili, Barcelona, 2010.

—, *La mano que piensa*. Gustavo Gili. Barcelona, 2012.

PROUST, M., *En busca del tiempo perdido*, Lumen, Madrid, 2000.

PUENTE, M., *Conversaciones con Mies van der Rohe*. Gustavo Gili. Barcelona, 2006.

PUENTES, M., "Periferias interiores: un elogio a los otros bordes de Valparaíso" en: *Revista 180*, n° 24, Facultad de Arquitectura, Arte y Diseño, Universidad Diego Portales. Santiago, 2009.

PUIG, T., *Marca ciudad*. Paidós. Madrid, 2009.

RICOEUR, P., *History and Truth*. Northwestern University Press. Evaston, 1965.

—, *Crítica y convicción*, Síntesis, Madrid, 2003.

RILKE, R.M., *Cartas a un joven poeta*. Alianza Editorial, Madrid, 2005.

ROBADOR, M.D., *La Luz y el color de Sevilla*. Lección Inaugural de la E. U. de Arquitectura Técnica. Universidad de Sevilla. Sevilla, 2008.

ROBBINS, E., *Why architects draw*. MIT Press. Cambridge, Mass.

RODRIGUEZ, T., *Pequeños palacios. La vivienda en Valparaíso*. Trabajo para la obtención del título de Arquitecto. Universidad de Valparaíso. 2011.

ROSSI, A., *La arquitectura de la ciudad*. Gustavo Gili. Barcelona 1982.

—, *Autobiografía científica*. Gustavo Gili, Barcelona, 1984.

RUBIO, A., "Significantes estéticos y arquitectura: límite y crítica de la teoría de los símbolos de Nelson Goodman", en: *Cuaderns de filosofía i ciencia*, n° 40. Universidad de Valencia. Valencia, 2010.

RUSSELL, B., *Abc de la relatividad*. Ediciones Imán.

RYKWERT, J., *La casa de Adán en el Paraíso*. Gustavo Gili. Barcelona, 1999.

SAENZ DE OÍZA, F. J., *Escritos y conversaciones*. Fundación Caja de Arquitectos. Barcelona, 2006.

SARAMAGO, J., *La caverna*. Editorial Alfaguara, Madrid, 2000.

SCOTT, R., *Blade Runner* [película], 117 min. Michael Deeley prod., EEUU, 1982.

SENNETT, R., *El artesano*, Anagrama. Barcelona, 2009.

SHINER, L., *La invención del arte. Una historia cultural,* Paidós. Barcelona, 2004.

SIMSON, O., *La catedral gótica (Los orígenes de la arquitectura gótica y el concepto medieval de orden)*. Alianza, Madrid, 1989.

SIZA, A., *Textos*. Adaba Editores, Madrid, 2014.

STAROBINSKI, J., *Poppea's Veil*, 1961.

STEINER, G., *Lecciones de los maestros*. Siruela. Madrid, 2004.

—, *El silencio de los libros*. Siruela. Madrid, 2011.

SWEIG, S., *El misterio de la creación artística*. Sequitur. Madrid, 2012.

TELLA, G., *Los shoppings evolucionados como neocentros urbanos*. Neo. Buenos Aíres, 2009.

TRACHANA, A., 'Las manos. La liberación de las manos para la creatividad y la innovación', en *Revista Creatividad y sociedad*, n° XVIII. 2012.

TRIAS, E., IV. Estética del límite. En: TRIAS, E. (ed.). *Lógica del límite*. Barcelona: Ediciones Destino, 1991.

TROITIÑO M. A. Ciudades históricas y turismo: los desafíos de la sostenibilidad. Ciudad y Patrimonio. *Revista de Arqueología, Arte y Urbanismo*, 4, Mérida, 2000.

TORRES, J., *La ciudad vertical*, Editorial Atlantis, Madrid, 2011.

TSCHUMI, Bernard, *The Manhattan Transcrips*, Londres: Academy Editions, 1994.

URBINA, X., *Los conventillos de Valparaíso, 1880-1920: fisonomía y percepción de una vivienda popular urbana*. Serie Colección Quintil. Serie Argumentos (1ª Ed.), Valparaíso, Ediciones Universitarias de Valparaíso, 2002.

UTZON, J., *La esencia de la arquitectura,* 1948.

—, *Conversaciones y otros escritos*. Barcelona, Gustavo Gili, 2010.

VALERO, E., "Arquitectura o el arte de la cotidianidad", en: *Proyecto + Investigación 2*, A Coruña, 2012.

VASARI, G., *Las vidas de los más excelentes arquitectos, pintores y escultores italianos desde Cimabue a nuestros tiempos.*

VICENS, I., *Dicho y hecho*. Nobuko. Buenos Aires, 2012.

VITRUVIO, *Libro 10.13.1-3* (Trad. J.L. Oliver).

WACHOWSKI, L., WACHOWSKY, A. P., *Matrix* [película], 131 min. Joel Silver prod., EEUU, 1999.

WILDE, O., *Las artes y el artesano*. Gadir. Madrid, 2010.

WILSON, F., *La mano. De cómo su uso configura el cerebro, el lenguaje t la cultura humana*. Matemas. Barcelona, 2002.

ZABALBEASCOA, A., Entrevista a Peter Zumpthor. El arquitecto asceta. *El País*, Madrid, 2009.

ZEVI, B., *Saber ver la arquitectura*. Apóstrofe, Madrid, 1998.

ZUMPTHOR, P., *Pensar la arquitectura*, Gustavo Gili. Barcelona, 2009.